Comida rica sin complicaciones

REPOSTERÍA Y PANADERÍA

Comida rica sin complicaciones

REPOSTERÍA
Y PANADERÍA

*Deliciosas recetas, pasos ilustrados con fotografías
e información nutricional*

This edition published by Parragon Books Ltd in 2014
and distributed by:

Parragon Inc.
440 Park Avenue South, 13th Floor
New York, NY 10016
www.parragon.com/lovefood

LOVE FOOD is an imprint of Parragon Books Ltd

ISBN: 978-1-4723-4591-2

Impreso en China/Printed in China

Diseño adicional: Geoff Borin
Fotografías nuevas: Clive Streeter
Estilismo gastronómico adicional: Angela Drake y Sally Streeter
Introducción, recetas nuevas y notas: Angela Drake
Análisis nutricional: Fiona Hunter

Traducción: Carme Franch para Delivering iBooks & Design
Redacción y maquetación: Delivering iBooks & Design, Barcelona

Notas para el lector

En este libro las medidas se dan en los sistemas métrico e imperial. Cuando el nombre de algún
ingrediente varía de una región del ámbito hispánico a otra, se ha procurado ofrecer las variantes.
Si no se especifica otra cosa, las cucharadas y las tazas indicadas en las medidas son rasas. Si no
se da otra indicación, la leche será siempre entera; la mantequilla, con sal; los huevos, grandes;
las verduras u hortalizas, de tamaño medio, y la pimienta, negra y recién molida. Si no se da
otra indicación, lave y pele las hortalizas de raíz antes de añadirlas a las recetas.

Las guarniciones y sugerencias de presentación son opcionales y no siempre se incluyen en
la lista de ingredientes o la preparación. Los tiempos indicados son orientativos. Los tiempos
de preparación pueden variar de una persona a otra según su técnica culinaria; asimismo,
también pueden variar los tiempos de cocción. Los ingredientes opcionales, las variaciones
y las sugerencias de presentación no se han incluido en los cálculos.

Las recetas que llevan huevo crudo o poco hecho no están indicadas para niños, ancianos, mujeres
embarazadas ni personas convalecientes o enfermas. Se recomienda a las mujeres embarazadas o
lactantes que no consuman cacahuetes ni productos derivados. Las personas alérgicas a los frutos
secos deberán omitirlos en las recetas que los lleven. Lea siempre con atención el envase de los
productos antes de consumirlos.

Índice

El placer de hornear

Un pastel hecho en casa es algo muy especial. Aunque no tenga las proporciones perfectas del de la pastelería, casi seguro que estará mucho más rico, y además así no hay dudas sobre los ingredientes que lleva. La repostería y la panadería caseras están de moda.

Este libro es ideal para los cocineros noveles que deseen aprender nociones básicas de repostería y panadería, pero también para los expertos que quieran ampliar su repertorio con ideas nuevas y originales. Aquí encontrará desde cupcakes, magdalenas y galletas, hasta pasteles, tartas, panes y postres tradicionales. Algunas recetas se preparan en unos minutos, mientras que otras requieren algo más de habilidad y paciencia.

En las primeras páginas del libro encontrará una guía con toda la información necesaria para entrar en materia, incluidos detalles claros y concisos sobre ingredientes básicos, utensilios y técnicas de cocción.

Después descubrirá seis capítulos llenos de fantásticas recetas. Todas se explican con sencillas instrucciones paso a paso, ilustradas con fotografías para que le resulte aún más cómodo seguirlas. Además, el libro ofrece sugerencias y consejos prácticos, desde cómo congelar hasta cómo ahorrar tiempo o preparar la variación de una receta.

Secretos de la repostería y la panadería caseras

- Acondicione la cocina antes de empezar: despeje la encimera y asegúrese de dejar espacio suficiente para trabajar.

- Prepare todos los ingredientes necesarios; no hay nada peor que tener que salir corriendo a buscar algo en el momento clave.

- Compruebe que el molde sea del tamaño adecuado y engráselo y/o fórrelo con papel vegetal.

- Precaliente el horno a la temperatura indicada y saque los huevos del frigorífico una hora antes de empezar. Si en la receta se pide mantequilla ablandada, déjela alrededor de una hora a temperatura ambiente.

- Si va a hacer pan, encienda el horno con bastante antelación; el calor de la cocina ayudará a leudar la masa.

- Cuando prepare una masa, procure que sus manos y los utensilios estén lo más fríos posible, para evitar que la grasa se derrita y la masa quede pegajosa.

No hay nada mejor que agasajar a familiares y amigos con recetas recién salidas del horno.

• Pese todos los ingredientes y dosifique la levadura, el bicarbonato y los aromas con cucharas medidoras.

• Evite la tentación de abrir la puerta del horno demasiado pronto, ya que la entrada de aire frío podría hundir el bizcocho.

• Para comprobar que un pastel esté hecho, presiónelo con suavidad con la punta de los dedos. Al levantarlos, debería recuperar la forma sin dejar ninguna marca. Si se tratara de un bizcocho muy alto o un pastel de fruta, clave una brocheta en el centro; si sale limpia, significa que están listos.

• Para comprobar que un pan esté hecho, sujételo con un paño grueso de cocina y dele unos golpecitos en la base con los nudillos; debería sonar a hueco.

• Deje enfriar del todo sus panes y otros horneados antes de guardarlos en recipientes herméticos de plástico.

Ingredientes básicos

Sea cual sea la receta que haga, cuanto mejor sea la calidad de los ingredientes, mejores resultados obtendrá. Aquí presentamos algunos de los imprescindibles.

Para obtener los mejores resultados, deje los huevos una hora a temperatura ambiente antes de utilizarlos.

Harinas

• La harina blanca, de trigo blando descascarillado, es la más refinada. De textura fina, es ideal para horneados. La harina con levadura lleva, además de levadura, sal. La harina integral de trigo se obtiene de la molienda de los granos enteros y aporta un exquisito sabor a frutos secos. Es más basta que la blanca y absorbe más líquido.

• La harina para pan se obtiene de la molienda de trigo duro, y contiene más gluten que la blanca, por lo que es ideal para hacer pan. Si se mezcla con una harina con poco gluten, por ejemplo, de centeno o alforfón, se obtiene un pan de textura más ligera.

• La maicena es una harina muy fina de maíz. Usada a menudo como espesante, también se añade a bizcochos y galletas para darles una textura ligera y crujiente.

Grasas

• La mantequilla tiene un sabor intenso y es casi siempre la mejor opción en repostería. Para hacer coberturas y bizcochos de sabor delicado, escójala sin sal. Se puede sustituir por margarina, pero así se pierde su delicioso aroma.

La margarina y las grasas sólidas vegetales bajas en grasa no sirven para hornear.

• La manteca es una grasa sólida de origen animal que aporta una textura ligera y crujiente. La grasa vegetal insípida es una buena alternativa, apta para vegetarianos. Al no contener grasas saturadas, es más saludable.

• Algunos bizcochos se hacen con aceite, que hace que queden húmedos y se conserven bien. Pero hay que escogerlo de sabor neutro, como el de girasol.

Azúcares y jarabes

• El azúcar extrafino es ideal para repostería, porque se disuelve fácilmente. Como no siempre es fácil de encontrar, pese la misma cantidad de azúcar normal y muélalo unos 60 segundos en el robot de cocina.

• El azúcar moreno tiene más sabor que el blanco, y aporta color e intensidad a las recetas.

• El azúcar demerara es un azúcar sin refinar con grandes cristales dorados que aportan un punto crujiente y textura a las coberturas crujientes o espolvoreado sobre tartas y galletas. El azúcar glas, muy fino, se disuelve fácilmente, por lo que es ideal para coberturas.

● Conviene tener siempre a mano jarabe de maíz, melaza, miel y jarabe de arce. A veces pueden sustituir al azúcar, y sirven para preparar coberturas y glaseados.

Huevos

● Los huevos son un ingrediente indispensable en repostería. Si son bien frescos y están a temperatura ambiente, al batirlos ganarán más volumen. Compruebe que dispone de huevos del calibre adecuado para preparar la receta.

Levadura y bicarbonato

● La levadura, el bicarbonato y el crémor tártaro son agentes leudantes que hacen aumentar el volumen de las masas. Cómprelos en pequeñas cantidades y com-

pruebe la fecha de caducidad antes de utilizarlos, ya que son bastante perecederos.

Aromas

● Las esencias de vainilla y almendra aportan un sabor intenso a bizcochos, galletas y postres. Son preferibles las naturales a los aromas artificiales.

Frutas y frutos secos

● La fruta deshidratada es un ingrediente imprescindible en muchas recetas. Se conserva bien en bolsas de plástico con cierre hermético o recipientes bien cerrados, pero, si se deja abierto el envase, se seca enseguida. La fruta confitada, como las cerezas, debe enjuagarse y secarse

antes de incorporarla a las recetas para eliminar la capa almibarada.

● Los frutos secos picados aportan sabor y textura a los horneados, y los molidos, más jugosidad. Como son tan ricos en aceite se enrancian enseguida, por lo que es mejor comprarlos en pequeñas cantidades y guardarlos en un lugar fresco y oscuro, o bien congelarlos. Si es posible, cómprelos enteros y píquelos o muélalos antes de utilizarlos.

Chocolate

● Hay chocolates de distintas calidades y sabores. Si lo compra negro, escójalo con un contenido de entre el 50 y el 70 % de cacao. Si es con leche o blanco, elíjalo de la mejor calidad.

Técnicas básicas de horneado

Aquí se recogen técnicas y métodos básicos que hay que conocer bien para convertirse en todo un repostero o panadero.

Batir la mantequilla

La mantequilla y el azúcar se baten juntos hasta obtener una crema ligera, blanquecina y esponjosa.

Antes de empezar, es imprescindible que la mantequilla esté blanda y suave, pero no derretida.

Bata con una cuchara de madera o unas varillas eléctricas a baja potencia y evite pasarse, para que la crema no quede aceitosa.

Añadir los huevos

Bata siempre los huevos antes de añadirlos a la crema de mantequilla.

Incorpore el huevo poco a poco, sin dejar de batir, y, si la crema se cortara, añádale un par de cucharadas de la harina de la receta antes de agregar el resto del huevo.

Incorporar los ingredientes secos

Tamice los ingredientes secos sobre la crema de mantequilla y huevo, y mezcle con un movimiento de corte y giro con una cuchara metálica grande. No utilice una cuchara de madera ni bata la pasta, porque rompería las burbujas de aire y el bizcocho quedaría denso.

Mezclar con los dedos

Esta técnica se utiliza para elaborar pastas, galletas y algunas tartas. La grasa tiene que estar fría y cortada en dados o rallada. Con las manos bien limpias y frías, mezcle la mantequilla con la harina con las puntas de los dedos hasta obtener una textura como de pan rallado. Sacuda el bol de vez en cuando para que los grumos grandes de grasa suban a la superficie.

Batir

Para preparar merengues y bizcochos hay que introducir grandes cantidades de aire en la pasta o las claras de huevo.

Para ganar tiempo, bata con unas varillas eléctricas. Si no, trabaje con varias manuales y un buen golpe de muñeca.

Hornear en blanco

Esta técnica consiste en cocer parcial o totalmente una base de tarta en el horno antes de rellenarla. Forre la pasta con un redondel de papel vegetal y esparza por encima unas bolitas de cerámica para repostería o unas legumbres secas para que no suba.

Para ganar tiempo, bata con unas varillas eléctricas. Si no, trabaje con varias manuales y un buen golpe de muñeca.

Amasar

Estirar, doblar y empujar la masa de pan con las manos enharinadas es una técnica básica que refuerza la masa y hace que quede más elástica. Además, ayuda a que suba más.

Para obtener una masa suave y elástica, deberá trabajarla de 5 a 10 minutos.

Derretir chocolate

Trocee el chocolate y póngalo en un bol refractario grande bien limpio. Encaje el bol en la boca de una cazuela con agua hirviendo a fuego lento –evite que el fondo entre en contacto con el agua o el chocolate se quemará– y caliéntelo hasta que el chocolate se derrita.

Procure que no entren en el bol gotas de agua o de condensación del vapor porque el chocolate se cortaría y quedaría granulado.

Cobertura

Unte primero el bizcocho con una fina capa de cobertura, con una espátula de goma grande, para que no se desmenuce y para rellenar posibles huecos y grietas.

A continuación, extienda otra capa más gruesa de cobertura por encima y por los lados, arremolinándola con la punta de la espátula si lo desea.

Manga pastelera

Aplique coberturas o rellenos con una manga pastelera grande con boquilla lisa o acanalada. Doble la boca de la bolsa para encerrar el relleno y sujete y apriete bien la manga con una mano.

Utensilios básicos

Merece la pena comprar utensilios buenos, porque duran más. Si suele hacer magdalenas, compre un molde múltiple de buena calidad. Si solo prepara tartas de vez en cuando, quizá le salga más a cuenta pedir prestados los moldes a un amigo.

Agilizan el trabajo, pero no son imprescindibles, un robot de cocina, una batidora de vaso y una picadora pequeña.

Moldes

Aunque no son baratos, los moldes de acero inoxidable son duraderos, reparten el calor de modo uniforme y no se deforman. Los antiadherentes gruesos facilitan el desmoldado. Los moldes de silicona son fáciles de usar, limpiar y guardar. Lávelos con agua jabonosa templada y compruebe que estén bien secos antes de guardarlos.

Poco a poco podrá ir ampliando su colección de moldes, pero estos son los básicos:

- Un molde redondo y otro cuadrado hondos de 20-23 cm (8-9 in)
- Dos moldes redondos bajos para tarta de 20 cm (8 in)
- Dos bandejas de horno
- Un molde desmontable redondo de 20-23 cm (8-9 in)
- Moldes rectangulares de plum cake de 20-23 cm (8-9 in)
- Un molde para 12 magdalenas
- Un molde desmontable para tarta de 20-23 cm (8-9 in)
- Un molde bajo grande, del tamaño del horno.

Engrasar y forrar

Prepare los moldes siguiendo las indicaciones de la receta. Úntelos con mantequilla derretida o ablandada, o con un aceite vegetal insípido. Si además de engrasar el molde tiene que enharinarlo, esparza un poco de harina en el interior e inclínelo y dele unos golpecitos hasta rebozar la base y las paredes de modo uniforme. Luego, póngalo cabeza abajo para que caiga la harina suelta.

Batidora

No es imprescindible, pero le irá muy bien si prepara repostería a menudo. Unas varillas eléctricas de tres potencias como mínimo son muy prácticas. Para batir directamente en una cazuela no hay nada como la batidora de brazo. Y, si se toma en serio la repostería y la panadería, su mejor inversión será una batidora mezcladora.

Boles para mezclar

Son imprescindibles tres o cuatro boles de distintos tamaños. Los de vidrio resistente y refractario, como el Pyrex, son los mejores.

Cucharas y tazas medidoras

Los juegos de cucharas y tazas medidoras son muy asequibles, pero también muy precisos. Salvo que se dé otra indicación, enráse-las siempre. Para medir líquidos le irá bien una jarra de cristal refractario con marcas bien claras en un lado; lea las marcas a la altura de los ojos para ser más preciso.

Tamices y coladores

Utilice un tamiz de gatillo para deshacer los grumos de los ingredientes secos, o bien coladores metálicos inoxidables o de nailon de malla fina. Antes de guardar los tamices y coladores metálicos, séquelos muy bien.

Cucharas y espátulas

Compre un juego de cucharas de madera de varios tamaños para batir mantequilla y mezclar ingredientes. Séquelas bien después de lavarlas y tire las que estén viejas o astilladas. Una cuchara metálica grande es esencial para remover los ingredientes, y las espátulas flexibles de silicona van muy bien para mezclar a medias y aprovechar bien las pastas preparadas.

Otros utensilios básicos

- Juego de cuchillos de cocinero
- Rodillo y pinceles de repostería
- Cortapastas y rallador
- Manga pastelera grande y boquillas

- Exprimidor
- Batidor de varillas manual
- Rejilla metálica para enfriar

Acerca del horno

Los hornos ofrecen un rendimiento muy variable según si son de gas, eléctricos o de convección, por lo que la temperatura indicada en la receta es solo orientativa. Si fuera necesario, ajústela a la potencia de su horno. Merece la pena comprar un termómetro para horno para controlar mejor la temperatura. Los hornos de convección suelen ser más potentes que los convencionales, por lo que deberá bajar la temperatura unos 20 °C (68 °F) o seguir las indicaciones del fabricante.

Pastel de chocolate clásico *18*

Pastel de frutos rojos *20*

Corona de café *22*

Pastel de maíz con limón y arándanos *24*

Pastel de fresa *26*

Pastel de chocolate con cerezas *28*

Pastel crujiente de manzana *30*

Pastel de calabaza con especias *32*

Pastel de chocolate y café *34*

Pan de jengibre glaseado *36*

Pastel de coco *38*

Corona de piña y coco *40*

Bizcocho ligero con frutos rojos *42*

Pastel de chocolate con virutas *44*

Pastel de nueces a la canela *46*

Corona de pacanas y jarabe de arce *48*

Pasteles

Pastel de chocolate clásico

 PORCIONES 10 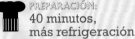 PREPARACIÓN: 40 minutos, más refrigeración  TIEMPO DE COCCIÓN: 25-30 minutos

información nutricional por porción	581 kcal, 41 g grasas, 25 g grasas sat., 32 g azúcares, 0,7 g sal

Para darse un capricho, nada como una porción de este jugoso pastel de chocolate recubierto de una crema irresistiblemente mantecosa.

INGREDIENTES

55 g/²/₃ de taza de cacao en polvo

7 cucharadas de agua hirviendo

200 g/1³/₄ barras de mantequilla con sal ablandada, y un poco más para untar

125 g/²/₃ de taza de azúcar

70 g/¹/₃ de taza de azúcar moreno

4 huevos, batidos

1 cucharadita de esencia de vainilla

200 g/1²/₃ tazas de harina

2¹/₄ cucharaditas de levadura en polvo

cobertura

200 g/7 oz de chocolate negro troceado

115 g/1 barra de mantequilla sin sal

100 ml/¹/₂ taza de nata (crema) extragrasa

1. Precaliente el horno a 180 °C (350 °F). Unte con mantequilla dos moldes para tarta de 20 cm (8 in) de diámetro y fórrelos con papel vegetal.

2. En un cuenco, diluya el cacao en el agua hasta obtener una pasta y resérvela. En un bol grande, bata la mantequilla con los azúcares blanco y moreno hasta obtener una crema blanquecina. Sin dejar de batir, incorpore el huevo y, después, la pasta de cacao y la vainilla.

3. Tamice la harina y la levadura por encima de la crema e incorpórelas con suavidad. Reparta la pasta entre los moldes. Cueza las bases de bizcocho en el horno precalentado de 25 a 30 minutos, o hasta que suban y empiecen a notarse esponjosas al tacto. Déjelas reposar 5 minutos y, después, vuélquelas en una rejilla metálica para que se enfríen del todo.

4. Para preparar la cobertura, caliente el chocolate con la mantequilla en un bol refractario encajado en la boca de un cazo con agua hirviendo a fuego lento, sin que llegue a tocarla, hasta que se derrita. Apártelo del fuego e incorpore la nata. Deje reposar la cobertura 20 minutos y, después, déjela en la nevera de 40 a 50 minutos, removiéndola de vez en cuando, hasta que adquiera una textura untuosa.

5. Junte las dos bases de bizcocho con un tercio de la cobertura y extienda el resto por encima del pastel y por los lados.

Pastel de frutos rojos

 PORCIONES 16 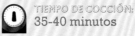 PREPARACIÓN:
1 hora,
más refrigeración

TIEMPO DE COCCIÓN:
35-40 minutos

información nutricional por porción	502 kcal, 33 g grasas, 20 g grasas sat., 35 g azúcares, 0,6 g sal

Este fantástico pastel es ideal para una merienda estival con amigos o como postre de una comida relajada. Escoja unos frutos consistentes y sin magulladuras para que el jugo no manche la cobertura.

INGREDIENTES

280 g/2½ barras de mantequilla con sal ablandada, y para untar

280 g/2⅓ tazas de azúcar

5 huevos, batidos

1 cucharada de esencia de vainilla

280 g/2¼ tazas de harina

1 cucharada de levadura en polvo

3 cucharadas de leche

5 cucharadas de confitura de frambuesa o de fresa (frutilla)

150 ml/⅔ de taza de nata (crema) extragrasa

unas 3 tazas de frutos rojos variados

azúcar glas (impalpable), para espolvorear

cobertura

200 g/1 taza de queso cremoso

115 g/1 barra de mantequilla sin sal ablandada

1 cucharadita de zumo (jugo) de limón

115 g/1 taza de azúcar glas (impalpable)

colorante alimentario rosa

1. Precaliente el horno a 180 °C (350 °F). Engrase dos moldes redondos de 20 cm (8 in) y fórrelos con papel vegetal. Bata la mantequilla con el azúcar hasta obtener una crema blanquecina. Sin dejar de batir, incorpore el huevo poco a poco y, después, la vainilla. Tamice la harina y la levadura por encima, e incorpórelas con suavidad. Incorpore luego la leche. Reparta la pasta entre los moldes. Cueza los bizcochos en el horno de 35 a 40 minutos, o hasta que estén esponjosos. Vuélquelos en una rejilla metálica y deje que se enfríen del todo.

2. Ponga un bizcocho en una fuente de servicio llana y úntelo con la confitura. Monte la nata hasta que se espese. Extiéndala sobre la confitura, casi hasta el borde del bizcocho. Coloque el otro encima y presione con cuidado para que la nata se extienda hasta el borde.

3. Para hacer la cobertura, bata el queso con la mantequilla. Añada el zumo de limón y el azúcar glas, y bata hasta obtener una crema ligera. Añada unas gotas de colorante para teñir la cobertura de un tono muy pálido. Con una espátula, extienda una fina capa de cobertura por encima del pastel y por los lados, para sellarlo y que no se desmigue. En esta fase el bizcocho aún quedará a la vista, pero después se le añadirá otra capa de cobertura. Refrigere el pastel 15 minutos.

4. Con la espátula, extienda una capa más gruesa de cobertura alrededor del pastel. Extienda el resto por encima. Cuando esté todo el pastel recubierto, trabaje la cobertura con la espátula para alisarla o darle la textura que prefiera. Disponga los frutos rojos encima. Ponga un poco de azúcar glas en un colador pequeño de malla fina y tamícelo sobre las frutas, para simular que estuvieran nevadas.

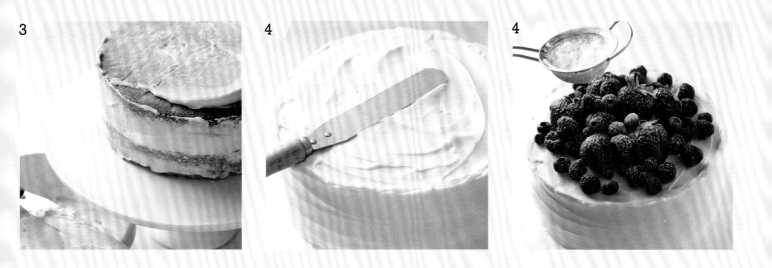

Corona de café

 PORCIONES 14

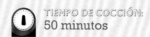 PREPARACIÓN:
50 minutos,
más enfriado

TIEMPO DE COCCIÓN:
50 minutos

información nutricional por porción	505 kcal, 28 g grasas, 17 g grasas sat., 36 g azúcares, 0,9 g sal

Debido al hueco que queda en medio, las coronas precisan poca cocción y, por tanto, quedan exquisitamente jugosas.

INGREDIENTES

400 g/3¼ tazas de harina, y un poco más para espolvorear

1 cucharada de levadura en polvo

1 cucharadita de bicarbonato

3 cucharadas de café soluble

2½ barras de mantequilla con sal ablandada, y para untar

125 g/½ taza de azúcar moreno

225 ml/1 taza de jarabe de arce

3 huevos, batidos

225 ml/1 taza de suero de mantequilla

225 ml/1 taza de nata (crema) extragrasa

para adornar

4 cucharadas de jarabe de arce

200 g/1⅔ tazas de azúcar glas (impalpable)

1 cucharada de mantequilla sin sal derretida

20 granos de café recubiertos de chocolate

1. Precaliente el horno a 180 °C (350 °F). Unte con mantequilla un molde de corona de 3 litros (5¼ pintas) y espolvoréelo con un poco de harina.

2. Tamice en un bol la harina, la levadura, el bicarbonato y el café. En otro bol, bata la mantequilla con el azúcar hasta obtener una crema blanquecina. Incorpore poco a poco el jarabe de arce. Sin dejar de batir, añada poco a poco el huevo y, para que la crema no se corte, 3 cucharadas de la harina tamizada.

3. Mezcle el suero de mantequilla con la nata y añada la mitad a la crema. Espolvoréela con la mitad de la harina tamizada y remueva con suavidad. Añada el suero de mantequilla y la harina restantes, y remueva solo hasta mezclar los ingredientes.

4. Vierta la pasta en el molde y alísela con una espátula. Cueza la corona en el horno unos 50 minutos, o hasta que suba y, al pincharla con una brocheta, salga limpia. Déjela reposar 10 minutos y, después, sepárela con un cuchillo de las paredes del molde y vuélquela en una rejilla metálica para que se enfríe del todo.

5. Para adornar la corona, bata en un bol el jarabe de arce con 150 g (1¼ tazas) del azúcar glas y la mantequilla hasta obtener un glaseado que cubra el dorso de una cuchara de madera. Pase la corona a una fuente y rocíela con el glaseado de modo que caiga por los bordes.

6. En un cuenco, bata el resto del azúcar glas con 1½-2 cucharaditas de agua para obtener una glaseado blanco. Con una cucharilla, viértalo también por encima de la corona. Adórnela con los granos de café recubiertos de chocolate.

2

5

6

Pastel de maíz con limón y arándanos

 PORCIONES 8

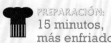 PREPARACIÓN:
15 minutos,
más enfriado

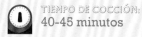 TIEMPO DE COCCIÓN:
40-45 minutos

información nutricional
por porción 388 kcal, 25 g grasas, 10 g grasas sat., 21 g azúcares, 0,5 g sal

*Este pastel se hace con harina de maíz en lugar de trigo,
lo que le confiere una textura estupenda y un llamativo color.*

INGREDIENTES

125 g/1 barra de mantequilla
con sal ablandada, y un poco más
para untar

150 g/³⁄₄ de taza de azúcar

la ralladura fina de 1 limón,
y 2 cucharadas de zumo (jugo)

3 huevos, batidos

115 g/³⁄₄ de taza de harina de maíz
(choclo, elote)

115 g/1¹⁄₄ tazas de almendra molida

1 cucharadita de levadura en polvo

4 cucharadas de yogur griego

115 g/³⁄₄ de taza de arándanos,
frescos o congelados

azúcar glas (impalpable),
para espolvorear

1. Precaliente el horno a 180 °C (350 °F). Unte con mantequilla un molde desmontable de 20 cm (8 in) de diámetro y fórrelo con papel vegetal.

2. En un bol grande, bata la mantequilla con el azúcar y la ralladura y el zumo de limón hasta obtener una crema blanquecina y espumosa. Sin dejar de batir, incorpore el huevo poco a poco y, a continuación, la harina de maíz, la almendra, la levadura y el yogur.

3. Añada dos tercios de los arándanos y remueva con suavidad. Vierta la pasta en el molde, alísela con una espátula y esparza el resto de los arándanos por encima.

4. Cueza el pastel en el horno precalentado de 40 a 45 minutos, o hasta que empiece a ganar consistencia y se dore por los bordes. Déjelo reposar 20 minutos, abra el molde y páselo con cuidado a una rejilla metálica. Sírvalo templado o frío, espolvoreado con azúcar glas.

2

3

4

Pastel de fresa

 PORCIONES 8

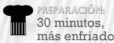 PREPARACIÓN:
30 minutos,
más enfriado

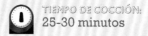 TIEMPO DE COCCIÓN:
25-30 minutos

información nutricional por porción	566 kcal, 42 g grasas, 25 g grasas sat., 28 g azúcares, 0,8 g sal

Este pastel, con un suntuoso relleno de confitura de frambuesa, nata montada y fresas, queda sublime. Sencillamente perfecto para una merienda estival.

INGREDIENTES

175 g/1⅓ tazas de harina

2¾ cucharaditas de levadura en polvo

175 g/1½ barras de mantequilla con sal ablandada, y un poco más para untar

175 g/1 taza de azúcar

3 huevos, batidos

azúcar glas (impalpable)

relleno
3 cucharadas de confitura de frambuesa

300 ml/1¼ tazas de nata (crema) extragrasa, montada

16 fresas (frutillas) partidas por la mitad

1. Precaliente el horno a 180 °C (350 °F). Unte con mantequilla dos moldes para tarta de 20 cm (8 in) de diámetro y fórrelos con papel vegetal.

2. Tamice la harina y la levadura en un bol, y añada la mantequilla, el azúcar y el huevo. Bátalo hasta obtener una pasta homogénea.

3. Reparta la pasta entre los dos moldes y alísela con una espátula. Cueza las bases de bizcocho en el horno precalentado de 20 a 25 minutos, o hasta que suban, se doren y se noten esponjosas al tacto.

4. Déjelas reposar 5 minutos en los moldes, y luego vuélquelas y despegue el papel vegetal. Páselas a una rejilla metálica para que se enfríen del todo. Junte las dos bases de bizcocho con la confitura de frambuesa, la nata montada y las fresas. Espolvoree el pastel con azúcar glas.

2

3

4

SUGERENCIA
Para adornar el pastel, coloque una blonda de papel encima y espolvoréelo con azúcar glas.

Pastel de chocolate con cerezas

 PORCIONES 12   PREPARACIÓN: 30 minutos, más refrigeración   TIEMPO DE COCCIÓN: 40-45 minutos

información nutricional por porción	430 kcal, 28 g grasas, 15 g grasas sat., 32 g azúcares, 0,3 g sal

Sin duda, este exquisito pastel de chocolate negro con cobertura de chocolate al ron es solo para adultos. Sírvalo con una cucharada de nata fresca espesa o nata montada.

INGREDIENTES

175 g/6 oz de chocolate negro troceado

115 g/1 barra de mantequilla con sal en dados, y un poco más para untar

3 huevos grandes, yemas y claras separadas

115 g/½ taza de azúcar moreno

115 g/1 taza de harina

1½ cucharaditas de levadura en polvo

55 g/1½ tazas de almendra molida

85 g/½ taza de cerezas deshidratadas picadas

virutas de chocolate, cacao en polvo y cerezas frescas, para adornar (opcional)

cobertura

175 g/6 oz de chocolate negro troceado

5 cucharadas de nata (crema) extragrasa

55 g/4 cucharadas de mantequilla sin sal

1 cucharada de ron

1. Precaliente el horno a 180 °C (350 °F). Unte con mantequilla un molde para tarta de 20 cm (8 in) de diámetro y fórrelo con papel vegetal.

2. Derrita el chocolate con la mantequilla en un bol refractario encajado en la boca de un cazo con agua hirviendo a fuego lento, sin que llegue a tocarla. Apártelo del fuego y remueva hasta que esté homogéneo. Déjelo enfriar 10 minutos, removiendo de vez en cuando.

3. En un bol grande y con las varillas eléctricas, bata las yemas de huevo con el azúcar hasta obtener una crema blanquecina. Incorpore el chocolate derretido. Tamice la harina y la levadura por encima, y, a continuación, incorpore la almendra molida y las cerezas deshidratadas.

4. En otro bol, monte las claras a punto de nieve. Incorpórelas con suavidad a la pasta. Vierta la pasta en el molde y alísela con una espátula.

5. Cueza el pastel en el horno precalentado de 40 a 45 minutos, o hasta que empiece a notarse consistente al tacto y, al pincharlo en el centro con una brocheta, salga limpia. Déjelo en el molde 10 minutos y, después, vuélquelo en una rejilla metálica para que se enfríe del todo.

6. Para preparar la cobertura, derrita el chocolate con la nata y la mantequilla en un bol refractario encajado en la boca de un cazo con agua hirviendo a fuego lento. Apártelo del calor e incorpórele el ron. Espere 20 minutos a que se ponga a temperatura ambiente, y luego déjelo en la nevera, removiendo de vez en cuando, unos 30 minutos o hasta que adquiera una textura untuosa.

7. Extienda la cobertura sobre el pastel. Si lo desea, adórnelo con virutas de chocolate, cacao en polvo y cerezas frescas.

Pastel crujiente de manzana

 PORCIONES 10   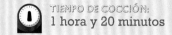 PREPARACIÓN: 30 minutos, más enfriado   TIEMPO DE COCCIÓN: 1 hora y 20 minutos

información nutricional por porción	451 kcal, 26 g grasas, 13 g grasas sat., 28 g azúcares, 0,7 g sal

Un bizcocho especiado con trozos de jugosa manzana y cubierto de una deliciosa capa crujiente: ¡irresistible!

INGREDIENTES

175 g/1½ barras de mantequilla con sal ablandada, y para untar

175 g/1 taza de azúcar

3 huevos grandes, batidos

2 cucharadas de leche

225 g/1¾ tazas de harina

2½ cucharaditas de levadura en polvo

1 cucharadita de canela molida

½ cucharadita de nuez moscada rallada

2 manzanas grandes para asar, peladas y troceadas

helado o nata (crema) fresca espesa, para servir

cobertura crujiente

85 g/¾ de taza de harina

55 g/4 cucharadas de mantequilla sin sal fría, en dados

55 g/¼ de taza de azúcar demerara u otro azúcar sin refinar

55 g/⅓ de taza de avellanas, escaldadas y picadas

1. Precaliente el horno a 180 °C (350 °F). Unte con mantequilla un molde desmontable de 23 cm (9 in) de diámetro y fórrelo con papel vegetal.

2. Bata la mantequilla con el azúcar en un bol grande hasta obtener una crema blanquecina y espumosa. Incorpore el huevo poco a poco. Incorpore luego la leche. Tamice la harina, la levadura y las especias por encima, y remueva con suavidad hasta que esté todo bien mezclado.

3. Vierta la mitad de la pasta en el molde y esparza la mitad de la manzana troceada por encima. Añada la pasta restante y extiéndala de modo uniforme. Agregue el resto de la manzana.

4. Para preparar la cobertura, tamice la harina en un bol y, con los dedos, mézclela con la mantequilla hasta obtener una textura parecida a la del pan rallado. Agregue el azúcar y la avellana, y remueva. Reparta la cobertura por encima del pastel.

5. Cueza el pastel en el horno precalentado 1 hora, y entonces tápelo holgadamente con papel de aluminio para evitar que se dore demasiado. Cuézalo de 10 a 20 minutos más, o hasta que esté dorado y consistente. Déjelo reposar 20 minutos, abra el molde y páselo con cuidado a una rejilla metálica. Sirva el pastel templado o frío, con helado o nata fresca espesa.

Pastel de calabaza con especias

 PORCIONES 8

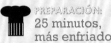 PREPARACIÓN:
25 minutos,
más enfriado

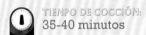 TIEMPO DE COCCIÓN:
35-40 minutos

información nutricional por porción	631 kcal, 39 g grasas, 12 g grasas sat., 44 g azúcares, 0,9 g sal

Este pastel especiado de calabaza, pasas y nueces va recubierto de una cremosa cobertura de mascarpone al jarabe de arce.

INGREDIENTES

175 ml/³⁄₄ de taza de aceite de girasol

175 g/³⁄₄ de taza de azúcar moreno

3 huevos grandes, batidos

250 g/1 taza de puré de calabaza (zapallo anco)

85 g/²⁄₃ de taza de pasas

la ralladura de 1 naranja

70 g/²⁄₃ de taza de nueces troceadas

225 g/1³⁄₄ tazas de harina

2³⁄₄ cucharaditas de levadura

1 cucharadita de bicarbonato

2 cucharaditas de pimienta de Jamaica

cobertura

250 g/1 taza de mascarpone

85 g/²⁄₃ de taza de azúcar glas (impalpable)

3 cucharadas de jarabe de arce

1. Precaliente el horno a 180 °C (350 °F). Unte con aceite un molde cuadrado de 23 cm (9 in) de lado y fórrelo con papel vegetal.

2. Bata el aceite con el azúcar y el huevo en un bol grande. Incorpore el puré de calabaza, las pasas, la ralladura de naranja y ½ taza de nueces.

3. Tamice por encima la harina con la levadura, el bicarbonato y la pimienta, y remueva. Extienda la pasta en el molde y cueza el pastel en el horno precalentado de 35 a 40 minutos, o hasta que se dore y se note consistente al tacto. Déjelo reposar 5 minutos y, después, vuélquelo en una rejilla metálica para que se enfríe del todo.

4. Para preparar la cobertura, bata en un bol el mascarpone con el azúcar glas y el jarabe de arce hasta obtener una crema homogénea. Extiéndala por encima del pastel, rizándola con una espátula. Pique bien el resto de las nueces y espárzalas por encima.

2

3

4

PLUS DE SALUD
Para aligerar la receta, haga la cobertura con yogur griego endulzado con miel. Extiéndala por encima del pastel en el último momento.

Pastel de chocolate y café

 PORCIONES 12   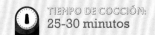 PREPARACIÓN:
40 minutos,
más enfriado

TIEMPO DE COCCIÓN:
25-30 minutos

información nutricional por porción	532 kcal, 37 g grasas, 22 g grasas sat., 32 g azúcares, 0,8 g sal

Este exquisito pastel es la combinación perfecta de dos sabores tradicionales: chocolate y café.

INGREDIENTES

225 g/1³/₄ tazas de harina

3³/₄ cucharaditas de levadura en polvo

2 cucharadas de cacao en polvo

225 g/2 barras de mantequilla con sal ablandada, y para untar

225 g/1 taza de azúcar moreno

4 huevos grandes, batidos

115 g/4 oz de chocolate negro, derretido

2 cucharadas de azúcar

3 cucharadas de café cargado

cobertura

85 g/6 cucharadas de mantequilla ablandada

250 g/1 taza de mascarpone

55 g/¹/₂ taza de azúcar glas (impalpable)

2 cucharadas de café cargado

cacao en polvo, para espolvorear

granos de café recubiertos de chocolate, para adornar

1. Precaliente el horno a 180 °C (350 °F). Unte con mantequilla dos moldes para tarta de 20 cm (8 in) de diámetro y fórrelos con papel vegetal.

2. Tamice la harina, la levadura y el cacao en un bol grande. Añada la mantequilla, el azúcar y el huevo, y bátalo con las varillas eléctricas 3 o 4 minutos, hasta obtener una pasta homogénea y cremosa. Incorpore el chocolate derretido.

3. Reparta la pasta entre los moldes y cueza las bases de bizcocho en el horno precalentado de 25 a 30 minutos, o hasta que suban y se noten consistentes al tacto.

4. En un cazo, caliente a fuego lento el azúcar con el café 1 o 2 minutos. Déjelo reposar 10 minutos. Pinche los bizcochos con una brocheta y rocíelos con el jarabe de café. Déjelos enfriar en el molde.

5. Para preparar la cobertura, bata en un bol la mantequilla con el mascarpone hasta obtener una crema homogénea. Incorpore el azúcar glas y el café, removiendo bien.

6. Desmolde los bizcochos y júntelos con la mitad de la cobertura. Extienda el resto de la cobertura por encima, formando remolinos. Espolvoree el pastel con cacao y adórnelo con granos de café recubiertos de chocolate.

Pan de jengibre glaseado

 PORCIONES 12 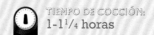 PREPARACIÓN: 30 minutos, más enfriado TIEMPO DE COCCIÓN: 1-1¼ horas

información nutricional por porción	300 kcal, 10 g grasas, 6 g grasas sat., 34 g azúcares, 0,6 g sal

El sabor del pan de jengibre mejora con el tiempo.
Si puede resistir la tentación, envuélvalo en papel vegetal
y déjelo en un lugar frío unos días antes de glasearlo.

INGREDIENTES

250 g/2 tazas de harina

1 cucharadita de bicarbonato

1½ cucharaditas de jengibre molido

1 cucharadita de pimienta de Jamaica

115 g/1 barra de mantequilla con sal, y un poco más para untar

115 g/½ taza de azúcar moreno

115 g/⅔ de taza de jarabe de maíz (choclo, elote)

85 g/¼ de taza de melaza (miel de caña)

2 huevos grandes, batidos

2 cucharadas de leche

glaseado

115 g/1 taza de azúcar glas (impalpable)

1 cucharada de almíbar de jengibre

1-2 cucharadas de agua

1 trozo de jengibre en almíbar, bien picado

1. Precaliente el horno a 160 °C (325 °F). Unte con mantequilla un molde cuadrado de 18 cm (7 in) de lado y fórrelo con papel vegetal.

2. Tamice la harina, el bicarbonato, el jengibre y la pimienta en un bol grande. En un cazo, caliente a fuego lento la mantequilla con el azúcar, el jarabe de maíz y la melaza, sin dejar de remover, hasta que la mantequilla se derrita. Déjelo enfriar 5 minutos.

3. Vierta la mantequilla endulzada en el bol y mezcle bien. Añada el huevo y la leche, y bata bien.

4. Vierta la pasta en el molde y cueza el pastel en el horno precalentado de 1 a 1¼ horas, o hasta que suba y se note consistente al tacto. Déjelo reposar 15 minutos y, después, vuélquelo en una rejilla metálica y deje que se enfríe del todo.

5. Para preparar el glaseado, tamice el azúcar glas en un cuenco. Incorpore el almíbar de jengibre y el agua justa para obtener un glaseado homogéneo que cubra un poco el dorso de una cuchara de madera.

6. Glasee el pan de jengibre por arriba, dejando que el glaseado caiga por los lados. Esparza el jengibre picado por encima y deje que el glaseado se seque.

Pastel de coco

 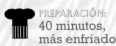

información nutricional por porción	592 kcal, 42 g grasas, 26 g grasas sat., 28 g azúcares, 0,35 g sal

Un pastel perfecto para una ocasión especial, hecho de esponjoso bizcocho de coco, relleno y recubierto de una cobertura irresistiblemente cremosa.

INGREDIENTES

6 huevos grandes, batidos

175 g/³/₄ de taza y 2 cucharadas de azúcar

175 g/1¹/₃ tazas y 1 cucharada de harina

70 g/1 taza de coco rallado

55 g/4 cucharadas de mantequilla con sal, derretida y enfriada, y un poco más para untar

virutas de coco tostado, para adornar

cobertura

250 g/1 taza de mascarpone

4 cucharadas de leche de coco

25 g/2 cucharadas de azúcar

150 ml/²/₃ de taza de nata (crema) extragrasa

1. Precaliente el horno a 180 °C (350 °F). Unte con mantequilla tres moldes para tarta de 20 cm (8 in) de diámetro y fórrelos con papel vegetal.

2. Ponga el huevo y el azúcar en un bol refractario grande encajado en la boca de un cazo con agua hirviendo a fuego lento. Bátalo con las varillas eléctricas hasta obtener una crema espesa y blanquecina que caiga en un hilo al levantar el aparato.

3. Tamice la mitad de la harina en la crema de huevo y remueva con suavidad. A continuación, haga lo mismo con la harina restante. Agregue el coco rallado. Vierta la mantequilla en un hilo sobre la pasta y remueva solo hasta que quede incorporada.

4. Reparta la pasta entre los moldes y cueza las bases de bizcocho en el horno precalentado de 20 a 25 minutos, o hasta que empiecen a dorarse y estén esponjosas al tacto. Déjelas reposar 5 minutos y, después, vuélquelas en una rejilla metálica para que se enfríen del todo.

5. Para preparar la cobertura, bata en un bol el mascarpone con la leche de coco y el azúcar hasta obtener una crema homogénea. Monte un poco la nata, solo hasta que forme picos suaves, e incorpórela a la crema de coco.

6. Junte las tres bases de bizcocho con un tercio de la cobertura, y extienda el resto por arriba y por los lados. Adorne el pastel con virutas de coco tostado.

Corona de piña y coco

 PORCIONES 12
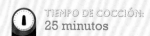 PREPARACIÓN: 30 minutos, más enfriado
TIEMPO DE COCCIÓN: 25 minutos

información nutricional **por porción** — 377 kcal, 19 g grasas, 12 g grasas sat., 34 g azúcares, 0,4 g sal

Una corona siempre llama mucho la atención, y además es fácil de cortar y servir. Esta despliega aromas tropicales.

INGREDIENTES

430 g/15½ oz de piña (ananás) de lata escurrida

115 g/1 barra de mantequilla sin sal ablandada, y un poco más para untar

175 g/1 taza de azúcar

2 huevos y 1 yema, batidos

225 g/1¾ tazas de harina, y un poco más para espolvorear

1 cucharadita de levadura en polvo

½ cucharadita de bicarbonato

40 g/½ taza de coco rallado

cobertura

175 g/¾ de taza de queso cremoso

175 g/1⅓ tazas de azúcar glas (impalpable)

1. Precaliente el horno a 180 °C (350 °F). Unte con mantequilla un molde de corona de 23 cm (9 in) de diámetro y espolvoréelo con un poco de harina. Triture la piña en la batidora de vaso o el robot de cocina, solo hasta que se deshaga.

2. Bata la mantequilla con el azúcar hasta obtener una crema ligera y esponjosa. Incorpore el huevo poco a poco. Tamice por encima la harina con la levadura y el bicarbonato, e incorpórela. A continuación, añada la piña triturada y el coco, y remueva.

3. Vierta la pasta en el molde y cueza la corona en el horno precalentado 25 minutos, o hasta que, al pincharla en el centro con una brocheta, salga limpia.

4. Déjela reposar 10 minutos y, después, vuélquela en una rejilla metálica y espere a que se enfríe del todo. Para preparar la cobertura, mezcle el queso cremoso con el azúcar glas. Extiéndalo por encima de la corona enfriada.

2

2

3

VARIACIÓN Añada un chorrito de licor de coco a la cobertura.

Bizcocho ligero con frutos rojos

 PORCIONES 10 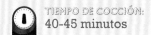 PREPARACIÓN: 30 minutos, más enfriado

TIEMPO DE COCCIÓN: 40-45 minutos

información nutricional por porción	171 kcal, 0,5 g grasas, 0,1 g grasas sat., 29 g azúcares, 0,13 g sal

Este bizcocho ligero, sin grasas y cubierto de frutos rojos, es un postre magnífico para una barbacoa estival o un picnic.

INGREDIENTES

aceite de girasol, para untar

las claras de 8 huevos grandes

1 cucharadita de crémor tártaro

1 cucharadita de esencia de almendra

250 g/1¼ tazas de azúcar

115 g/1 taza de harina, y un poco más para espolvorear

para adornar

250 g/2 tazas de frutos rojos variados, como frambuesas y arándanos

1 cucharada de zumo (jugo) de limón

2 cucharadas de azúcar glas (impalpable)

1. Precaliente el horno a 160 °C (325 °F). Unte con mantequilla un molde de corona de 23 cm (9 in) y espolvoréelo con harina.

2. Monte las claras a punto de nieve en un bol bien limpio. Añada el crémor tártaro y bata hasta que las claras estén duras, pero sin que pierdan jugosidad. Sin dejar de batir, agregue la esencia de almendra y el azúcar a cucharadas. Tamice la harina por encima e incorpórela removiendo suave y uniformemente con una cuchara metálica.

3. Vierta la pasta en el molde. Cueza la corona en el horno precalentado de 40 a 45 minutos, o hasta que se dore. Pase la hoja del cuchillo por el borde del molde para que se desprenda el pastel. Déjelo reposar 10 minutos y, después, vuélquelo en una rejilla metálica para que se enfríe del todo.

4. Para adornar la corona, caliente en un cazo los frutos rojos con el zumo de limón y el azúcar hasta que se disuelva este último. Repártalo por encima de la corona.

COMBINA CON
Sirva este deli-
cioso bizcocho con
nata extragrasa
montada, endul-
zada con un poco
de azúcar glas.

Pastel de chocolate con virutas

 PORCIONES 20 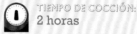 PREPARACIÓN: 1 hora, más refrigeración TIEMPO DE COCCIÓN: 2 horas

información nutricional **por porción** | 650 kcal, 38 g grasas, 23 g grasas sat., 56 g azúcares, 0,5 g sal

Las virutas de chocolate son fáciles de hacer y dan un toque profesional a los pasteles.

INGREDIENTES

100 g/1 taza y 3 cucharadas de cacao en polvo

300 ml/1¼ tazas de agua hirviendo

250 g/9 oz de chocolate negro, derretido

200 g/1¾ barras de mantequilla con sal ablandada, y un poco más para untar

500 g/2¼ tazas de azúcar moreno

4 huevos, batidos

375 g/3 tazas de harina

¾ de cucharadita de bicarbonato

4 cucharaditas de esencia de vainilla

ganache

500 g/18 oz de chocolate negro troceado

500 ml/2 tazas de nata (crema) extragrasa

4 cucharadas de azúcar glas (impalpable)

para adornar

200 g/7 oz de chocolate negro

6 cucharadas de brandy (opcional)

pétalos de rosa o flores comestibles, para adornar (opcional)

1. Precaliente el horno a 160 °C (325 °F). Unte con mantequilla un molde para tarta de 20 cm (8 in) de diámetro y fórrelo con papel vegetal. Diluya el cacao en el agua y, a continuación, incorpore el chocolate derretido. En un bol aparte, bata la mantequilla con el azúcar hasta obtener una crema blanquecina. A continuación, incorpore el huevo, la harina, el bicarbonato y la vainilla. Añada el chocolate. Cueza el bizcocho en el horno precalentado 2 horas, o hasta que esté consistente. Déjelo enfriar.

2. Para hacer la decoración, ponga el chocolate en un bol refractario encajado en la boca de un cazo con agua hirviendo a fuego lento, sin que llegue a tocarla, y espere a que se derrita. Extiéndalo en una fina capa sobre una superficie fría. Déjelo en un lugar frío hasta que se endurezca, pero no tanto como para que quede quebradizo.

3. Raspe el chocolate con una rasqueta de repostería metálica de modo que vaya enrollándose en virutas sueltas. Póngalas en una bandeja forrada con papel vegetal y déjelas en la nevera. Parta el bizcocho por la mitad, en dos pisos. Si lo desea, emborrache la parte superior de ambas mitades con el brandy.

4. Para preparar la ganache, trocee el chocolate en un bol refractario. Caliente la nata con el azúcar en un cazo y viértalo sobre el chocolate. Remueva y déjelo enfriar. Junte las dos mitades de bizcocho con una cuarta parte de la ganache y coloque el pastel en una fuente de servicio o un soporte. Con una espátula, extienda una fina capa de ganache por los lados del pastel para que no se desmigue. Déjelo en la nevera 15 minutos. Extienda el resto de la ganache por todo el pastel en una capa uniforme, alisándola o dándole textura. Esparza las virutas por encima del pastel de modo que caigan en distintos ángulos. Si lo desea, adórnelo con pétalos de rosa o flores comestibles.

2

3

4

Pastel de nueces
a la canela

 PORCIONES 10 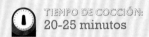 PREPARACIÓN: 50 minutos, más enfriado   TIEMPO DE COCCIÓN: 20-25 minutos

información nutricional por porción	788 kcal, 55 g grasas, 21 g grasas sat., 51 g azúcares, 0,6 g sal

Un jugoso pastel de nueces con una cremosa cobertura al aroma de canela.

INGREDIENTES

250 g/1 taza de azúcar moreno

250 g/2 tazas de harina

2 cucharaditas de canela molida, y un poco más para espolvorear

1 cucharadita de bicarbonato

3 huevos, batidos

200 ml/1 taza de aceite de girasol, y un poco más para untar

125 g/1 taza de nueces bien picadas

1 plátano (banana) grande maduro, chafado

nueces en mitades, para adornar

cobertura

175 g/³/₄ de taza de queso cremoso

225 g/2 barras de mantequilla ablandada

1 cucharadita de canela molida

225 g/1³/₄ tazas de azúcar glas (impalpable) tamizado

1. Precaliente el horno a 180 °C (350 °F). Unte con mantequilla tres moldes para tarta de 20 cm (8 in) de diámetro y fórrelos con papel vegetal.

2. Ponga el azúcar en un bol grande y tamice la harina, la canela y el bicarbonato por encima. Añada el huevo, el aceite, las nueces picadas y el plátano, y bátalo con una cuchara de madera hasta obtener una pasta.

3. Reparta la pasta entre los tres moldes y alísela con una espátula. Cueza las bases de bizcocho en el horno precalentado de 20 a 25 minutos, o hasta que se doren bien y estén consistentes al tacto. Déjelas reposar 10 minutos y, después, vuélquelas en rejillas metálicas para que se enfríen del todo.

4. Para preparar la cobertura, mezcle el queso con la mantequilla y la canela en un bol, y bátalo hasta obtener una crema homogénea. Incorpore el azúcar glas.

5. Junte las tres bases de bizcocho con un tercio de la cobertura, y extienda el resto por encima y por los lados del pastel. Adórnela con nueces y espolvoréela con canela.

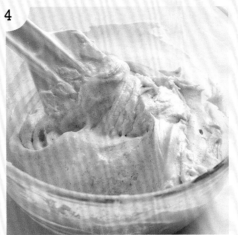

Corona de pacanas y jarabe de arce

 PORCIONES 10  PREPARACIÓN: 30 minutos, más enfriado 　TIEMPO DE COCCIÓN: 45-50 minutos

información nutricional por porción 　466 kcal, 28 g grasas, 14 g grasas sat., 33 g azúcares, 0,6 g sal

Hecha en un molde acanalado tradicional, esta corona no solo regala la vista, sino también el paladar.

INGREDIENTES

200 g/1¾ barras de mantequilla con sal ablandada, y para untar

200 g/1 taza de azúcar moreno

3 huevos grandes, batidos

55 g/½ taza de pacanas (nueces pecán) picadas

4 cucharadas de jarabe de arce y 150 ml/⅔ de taza de nata (crema) agria

225 g/1¾ tazas de harina, y un poco más para espolvorear

2¾ cucharaditas de levadura

pacanas picadas, para adornar

glaseado

58 g/⅔ de taza de azúcar glas (impalpable) tamizado

1 cucharada de jarabe de arce y 1-2 de agua templada

1. Precaliente el horno a 160 °C (325 °F). Unte con mantequilla un molde de corona de 2 litros (2 cuartos de galón) de capacidad y espolvoréelo con un poco de harina.

2. Bata en un bol la mantequilla con el azúcar hasta que esté ligera y esponjosa. Añada el huevo poco a poco y, después, las pacanas, el jarabe de arce y la nata. Tamice la harina y la levadura por encima e incorpórelas con suavidad.

3. Vierta la pasta en el molde y alísela con una espátula. Cueza la corona en el horno de 45 a 50 minutos, o hasta que se dore, adquiera consistencia y, al pincharla con una brocheta, salga limpia. Déjela reposar 10 minutos y, después, vuélquela en una rejilla metálica para que se enfríe del todo.

4. Para preparar el glaseado, mezcle el azúcar con el jarabe de arce y el agua justa para ligarlo. Glasee la corona por encima, dejando que el glaseado caiga por los lados. Adórnela con pacanas picadas y deje secar el glaseado.

2

3

3

SUGERENCIA

Antes de darle la vuelta a la corona para desmoldarla, pase la punta de una espátula fina por el borde.

Magdalenas y cupcakes

Cupcakes clásicos de vainilla

 UNIDADES 12  PREPARACIÓN: 25 minutos TIEMPO DE COCCIÓN: 15-20 minutos

información nutricional por unidad : 453 kcal, 27 g grasas, 17 g grasas sat., 40 g azúcares, 0,2 g sal

No hay quien se resista a estos ligeros y esponjosos cupcakes de vainilla coronados con grandes remolinos de crema de mantequilla.

INGREDIENTES

175 g/1½ barras de mantequilla sin sal ablandada

175 g/1 taza de azúcar

3 huevos grandes, batidos

1 cucharadita de esencia de vainilla

175 g/1⅓ tazas de harina

2 cucharaditas de levadura en polvo

cobertura

150 g/1¼ barras de mantequilla sin sal ablandada

3 cucharadas de nata (crema) o leche

1 cucharadita de esencia de vainilla

300 g/2⅓ tazas de azúcar glas (impalpable) tamizado

confites, para adornar

1. Precaliente el horno a 180 °C (350 °F). Coloque 12 moldes de papel en un molde múltiple para magdalenas.

2. Bata la mantequilla con el azúcar hasta obtener una crema blanquecina. Sin dejar de batir, añada el huevo y, después, la vainilla. Tamice la harina y la levadura por encima, e incorpórelas con suavidad.

3. Reparta la pasta entre los moldes y cueza los cupcakes en el horno precalentado de 15 a 20 minutos, o hasta que suban y se noten consistentes al tacto. Déjelos enfriar en una rejilla metálica.

4. Para hacer la cobertura, bata la mantequilla con las varillas eléctricas 2 o 3 minutos, hasta que esté blanquecina y untuosa. Sin dejar de batir, añada la nata y la vainilla. Incorpore poco a poco el azúcar glas tamizado, y siga batiendo hasta obtener una crema ligera y esponjosa.

5. Con la ayuda de una espátula, reparta la cobertura en remolinos sobre los cupcakes. Adórnelos con confites.

VARIACIÓN
Para hacer cupcakes en miniatura con ocasión de una fiesta infantil, reparta la pasta entre 30 moldes de papel pequeños y reduzca el tiempo de cocción a 8-10 minutos.

Cupcakes de terciopelo rojo

 UNIDADES 12 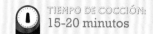 PREPARACIÓN: 25 minutos · TIEMPO DE COCCIÓN: 15-20 minutos

información nutricional por unidad · 373 kcal, 21 g grasas, 13 g grasas sat., 35,5 g azúcares, 0,6 g sal

El cacao en polvo, el suero de mantequilla y el colorante confieren a estos cupcakes su característico color y su exquisito sabor.

INGREDIENTES

115 g/1 taza de harina
1 cucharadita de bicarbonato
2 cucharadas de cacao en polvo
115 g/1 barra de mantequilla sin sal ablandada
140 g/³⁄₄ de taza de azúcar
1 huevo grande, batido
125 ml/¹⁄₂ taza de suero de mantequilla
1 cucharadita de esencia de vainilla
1 cucharada de colorante rojo
azúcar teñido con colorante rojo

cobertura
140 g/²⁄₃ de taza de queso cremoso
85 g/6 cucharadas de mantequilla sin sal ablandada
280 g/2¹⁄₄ tazas de azúcar glas (impalpable)

1. Precaliente el horno a 180 °C (350 °F). Coloque 12 moldes de papel en un molde múltiple para magdalenas.

2. Tamice la harina con el bicarbonato y el cacao. En un bol, bata la mantequilla con el azúcar hasta obtener una crema blanquecina. Sin dejar de batir, añada poco a poco el huevo y la mitad de los ingredientes tamizados. Incorpore el suero de mantequilla, la vainilla y el colorante. Añada los ingredientes tamizados restantes y mezcle bien. Reparta la pasta entre los moldes.

3. Cueza los cupcakes en el horno precalentado de 15 a 20 minutos, o hasta que suban y se noten consistentes al tacto. Déjelos enfriar en una rejilla metálica.

4. Para preparar la cobertura, mezcle en un bol el queso y la mantequilla con una espátula. Tamice el azúcar glas por encima e incorpórelo poco a poco, removiendo hasta obtener una textura homogénea y untuosa. Con una espátula, reparta la cobertura en remolinos sobre los cupcakes. Adórnelos con azúcar teñido de rojo.

2

3

4

SUGERENCIA
Para teñir el azúcar,
ponga en una bolsa
azúcar granulado con
2 o 3 gotas de colo-
rante rojo y agítela.

Cupcakes con crema de chocolate

 UNIDADES 14

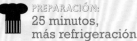 PREPARACIÓN: 25 minutos, más refrigeración

 TIEMPO DE COCCIÓN: 15-20 minutos

información nutricional por unidad	440 kcal, 28 g grasas, 17 g grasas sat., 37 g azúcares, 0,33 g sal

De jugoso bizcocho de chocolate y con grandes remolinos de crema, estos cupcakes son insuperables. Además, como pueden prepararse un día antes, son ideales para cumpleaños y otras ocasiones especiales.

INGREDIENTES

115 g/1 taza de harina

2 cucharaditas de levadura en polvo

1½ cucharadas de cacao en polvo

115 g/1 barra de mantequilla con sal ablandada, o ½ taza de margarina

115 g/½ de taza de azúcar

2 huevos grandes, batidos

55 g/2 oz de chocolate negro, derretido

cobertura

150 g/6 oz de chocolate negro, picado

200 ml/1 taza de nata (crema) extragrasa

1¼ barras de mantequilla sin sal ablandada

280 g/2¼ tazas de azúcar glas (impalpable) tamizado

adornos de chocolate y bolitas doradas de anís, para adornar

1. Precaliente el horno a 180 °C (350 °F). Coloque 14 moldes de papel en dos moldes múltiples para magdalenas.

2. Tamice la harina, la levadura y el cacao en un bol grande. Añada la mantequilla, el azúcar y el huevo, y bátalo hasta obtener una pasta homogénea. Incorpore el chocolate derretido.

3. Reparta la pasta entre los moldes. Cueza los cupcakes en el horno precalentado de 15 a 20 minutos, o hasta que suban y se noten consistentes al tacto. Déjelos enfriar en una rejilla metálica.

4. Para preparar la cobertura, ponga el chocolate en un bol refractario. Lleve la nata a ebullición en un cazo. Viértala sobre el chocolate y remueva hasta obtener una crema homogénea. Deje que se enfríe, removiendo de vez en cuando, 20 minutos o hasta que se espese. Ponga la mantequilla en un bol, tamice el azúcar glas por encima y bátala hasta que esté homogénea. Batiendo, mézclela con la crema de chocolate. Enfríe la cobertura en la nevera de 15 a 20 minutos.

5. Introduzca la cobertura en una manga pastelera con boquilla grande de estrella. Repártala en remolinos sobre los cupcakes. Si lo desea, adórnelos con figuritas de chocolate y bolitas doradas de anís.

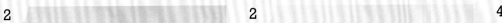

Cupcakes de piña

 UNIDADES 12 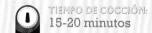 PREPARACIÓN: 25 minutos TIEMPO DE COCCIÓN: 15-20 minutos

información nutricional por unidad | 400 kcal, 24 g grasas, 16 g grasas sat., 36 g azúcares, 0,2 g sal

*La piña y el coco son la combinación ideal
en estos cupcakes de sabor tropical.*

INGREDIENTES

115 g/1 barra de mantequilla sin sal

115 g/¹/₂ taza de azúcar

2 huevos, batidos

115 g/1 taza de harina
y 1¹/₂ cucharaditas de levadura
en polvo

3 rodajas de piña (ananás) de lata,

cobertura

115 g/1 barra de mantequilla
ablandada

115 g/¹/₂ taza de queso cremoso

280 g/2¹/₄ tazas de azúcar glas
(impalpable) tamizado

55 g/³/₄ de taza de coco rallado

2 cucharadas de piña (ananás)
confitada picada, para adornar

1. Precaliente el horno a 180 °C (350 °F). Coloque 12 moldes de papel en un molde múltiple para magdalenas.

2. Bata la mantequilla ablandada con el azúcar en un bol hasta obtener una crema blanquecina. Sin dejar de batir, añada el huevo poco a poco. Tamice la harina y la levadura por encima, e incorpórelas con suavidad. Agregue la piña picada.

3. Reparta la pasta entre los moldes y cueza los cupcakes en el horno precalentado de 15 a 20 minutos, o hasta que suban y se noten consistentes al tacto. Déjelos enfriar en una rejilla metálica.

4. Para preparar la cobertura, bata la mantequilla con el queso hasta obtener una crema homogénea. Sin dejar de batir, añada el azúcar glas poco a poco y, después, el coco.

5. Reparta la cobertura entre los cupcakes y adórnelos con la piña confitada.

3

3

4

Cupcakes colibrí

 UNIDADES 12   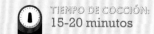 PREPARACIÓN: 25 minutos   TIEMPO DE COCCIÓN: 15-20 minutos

información nutricional por unidad	150 kcal, 20 g grasas, 8 g grasas sat., 36 g azúcares, 0,4 g sal

Deliciosos cupcakes de piña, plátano y pacanas aromatizados con un ligero toque de canela. Adornados con una untuosa cobertura de queso cremoso, son dulces como el néctar.

INGREDIENTES

150 g/1¼ tazas de harina

¾ de cucharadita de bicarbonato

1 cucharadita de canela molida

125 g/½ taza de azúcar moreno

2 huevos, batidos

100 ml/½ taza de aceite de girasol

1 plátano (banana) maduro, chafado

2 rodajas de piña (ananás) de lata, escurridas y bien picadas

25 g/¼ de taza de pacanas (nueces pecán) bien picadas, y 1 cucharada de pacanas troceadas para adornar

cobertura

140 g/⅔ de taza de queso cremoso

70 g/5 cucharadas de mantequilla sin sal ablandada

1 cucharadita de esencia de vainilla

280 g/2¼ tazas de azúcar glas (impalpable) tamizado

1. Precaliente el horno a 180 °C (350 °F). Coloque 12 moldes de papel en un molde múltiple para magdalenas.

2. Tamice en un bol la harina con el bicarbonato y la canela, e incorpore el azúcar. Añada el huevo, el aceite, el plátano, la piña y las pacanas picadas, y mézclelo bien. Reparta la pasta entre los moldes.

3. Cueza los cupcakes en el horno precalentado de 15 a 20 minutos, o hasta que suban, se doren y se noten consistentes al tacto. Déjelos enfriar en una rejilla metálica.

4. Para preparar la cobertura, mezcle con una espátula el queso con la mantequilla y la vainilla. Incorpore el azúcar glas poco a poco, y remueva hasta obtener una textura homogénea y untuosa. Reparta la cobertura en zigzag entre los cupcakes. Adórnelos con las pacanas troceadas.

Cupcakes con nata
y salsa de chocolate

 UNIDADES 12

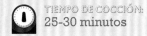 PREPARACIÓN:
25 minutos,
más enfriado

TIEMPO DE COCCIÓN:
25-30 minutos

información nutricional
por unidad | 580 kcal, 46 g grasas, 27 g grasas sat., 24 g azúcares, 0,5 g sal

*Transforme unos sencillos cupcakes de cereza y vainilla
en algo muy especial coronándolos con grandes remolinos
de nata montada, salsa de chocolate, frutos secos picados
y purpurina comestible: a los niños les encantarán.*

INGREDIENTES

175 g/1¹/₂ barras de mantequilla
con sal ablandada o margarina

175 g/1 taza de azúcar

3 huevos, batidos

1 cucharadita de esencia
de vainilla

200 g/1²/₃ tazas de harina

1¹/₂ cucharaditas de levadura
en polvo

¹/₄ de taza de cerezas confitadas
picadas

salsa de chocolate

85 g/3 oz de chocolate negro
troceado

2 cucharadas de mantequilla sin sal

1 cucharada de jarabe de maíz
(choclo, elote)

para adornar

600 ml/2¹/₂ tazas de nata (crema)
extragrasa

2 cucharadas de frutos secos
tostados picados

purpurina comestible rosa

12 cerezas al marrasquino

1. Precaliente el horno a 160 °C (325 °F). Coloque 12 moldes de papel en un molde múltiple para magdalenas.

2. Bata la mantequilla con el azúcar en un bol grande hasta obtener una crema ligera y esponjosa. Sin dejar de batir, añada el huevo poco a poco y, después, la vainilla. Tamice la harina y la levadura por encima e incorpórelas con suavidad removiendo con una cuchara metálica. Añada las cerezas picadas y remueva.

3. Reparta la pasta entre los moldes. Cueza los cupcakes en el horno precalentado de 25 a 30 minutos, o hasta que suban, se doren y se noten consistentes al tacto. Déjelos enfriar en una rejilla metálica.

4. Para preparar la salsa de chocolate, ponga el chocolate, la mantequilla y el jarabe de maíz en un bol refractario. Encaje el bol en la boca de un cazo con agua hirviendo a fuego lento, sin que llegue a tocarla, y caliéntelo hasta que se derrita el chocolate. Apártelo del fuego y remueva hasta que esté homogéneo. Deje enfriar la salsa de 20 a 30 minutos, removiendo de vez en cuando.

5. Monte la nata. Introdúzcala en una manga pastelera con boquilla grande de estrella y repártala en remolinos entre los cupcakes. Rocíela con la salsa de chocolate y esparza por encima los frutos secos picados y purpurina. Adorne los cupcakes con 1 cereza al marrasquino.

Cupcakes de tiramisú

 UNIDADES 12   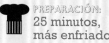 PREPARACIÓN: 25 minutos, más enfriado   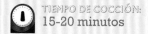 TIEMPO DE COCCIÓN: 15-20 minutos

información nutricional **por unidad** : 284 kcal, 18 g grasas, 11 g grasas sat., 21 g azúcares, 0,2 g sal

Estos exquisitos cupcakes son una versión en miniatura del tradicional postre italiano: también llevan café, mascarpone y marsala.

INGREDIENTES

115 g/1 barra de mantequilla sin sal ablandada
115 g/½ taza de azúcar moreno
2 huevos, batidos
115 g/1 taza de harina, tamizada
2 cucharaditas de levadura en polvo
2 cucharaditas de café soluble
3 cucharadas de azúcar glas (impalpable)
4 cucharadas de agua
2 cucharadas de chocolate negro bien rallado, para adornar

cobertura
225 g/1 taza de mascarpone
85 g/⅓ de taza de azúcar
2 cucharadas de marsala o jerez dulce

1. Precaliente el horno a 180 °C (350 °F). Coloque 12 moldes de papel en un molde múltiple para magdalenas.

2. Bata en un bol la mantequilla con el azúcar, el huevo, la harina y la levadura hasta obtener una pasta blanquecina y untuosa. Repártala entre los moldes.

3. Cueza los cupcakes en el horno precalentado de 15 a 20 minutos, o hasta que suban, se doren y se noten consistentes al tacto.

4. Disuelva en un cazo a fuego lento el café soluble y el azúcar glas en el agua, sin dejar de remover. Hiérvalo 1 minuto y déjelo enfriar 10 minutos. Pinte los cupcakes templados con el jarabe de café. Déjelos enfriar en una rejilla metálica.

5. Para preparar la cobertura, mezcle en un bol el mascarpone con el azúcar y el marsala hasta obtener una crema homogénea. Repártala entre los cupcakes. Disponga una plantilla de estrella sobre los cupcakes y esparza el chocolate rallado por encima.

2

4

5

ANTICÍPESE
Estos cupcakes estarán
aún más ricos si los
prepara un día antes.
Adórnelos cuando vaya
a servirlos.

Cupcakes con golosinas

 UNIDADES 12 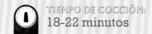 PREPARACIÓN: 25 minutos, más enfriado

TIEMPO DE COCCIÓN: 18-22 minutos

información nutricional **por unidad** · 435 kcal, 24 g grasas, 15 g grasas sat., 42 g azúcares, 0,4 g sal

Estos divertidos cupcakes harán las delicias de los invitados a un cumpleaños infantil. ¡Y si deja que sean los propios niños quienes los adornen? ¡Lo único que tendrá que hacer es comprar más golosinas de la cuenta!

INGREDIENTES

150 g/1¼ barras de mantequilla con sal ablandada o margarina

150 g/¾ de taza de azúcar

3 huevos, batidos

150 g/1¾ tazas de harina

1¼ cucharaditas de levadura en polvo

4 cucharaditas de caramelos gasificados con sabor a fresa (frutilla)

golosinas, para adornar (opcional)

crema de mantequilla

175 g/1½ barras de mantequilla sin sal ablandada

2 cucharadas de leche

300 g/2¾ de taza de azúcar glas (impalpable)

colorantes alimentarios rosa y amarillo

1. Precaliente el horno a 180 °C (350 °F). Coloque 12 moldes de papel en un molde múltiple para magdalenas.

2. En un bol, bata la mantequilla con el azúcar hasta obtener una crema blanquecina. Sin dejar de batir, añada el huevo poco a poco. En otro cuenco, tamice la harina con la levadura. Con una cuchara metálica, vaya incorporándola a la crema. Añada la mitad de los caramelos y remueva.

3. Reparta la pasta entre los moldes. Cueza los cupcakes en el horno precalentado de 18 a 20 minutos, o hasta que suban, se doren y se noten consistentes al tacto. Déjelos enfriar en una rejilla metálica.

4. Para preparar la crema de mantequilla, bata la mantequilla en un bol grande hasta que esté blanquecina y untuosa. Incorpore la leche y, después, el azúcar glas tamizado poco a poco, batiendo 2 o 3 minutos, hasta obtener una crema ligera y esponjosa. Divídala entre dos boles y eche un poco de colorante rosa en uno y amarillo en el otro.

5. Reparta la cobertura en remolinos entre los cupcakes y, si lo desea, adórnelos con golosinas. Antes de servirlos, esparza el resto de los caramelos por encima.

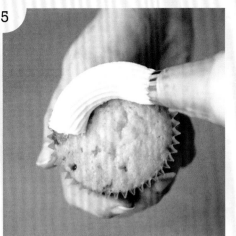

Magdalenas de arándanos

🍴 UNIDADES 12   👨‍🍳 PREPARACIÓN: 20 minutos   ⏱ TIEMPO DE COCCIÓN: 20 minutos

información nutricional **por unidad**   200 kcal, 8 g grasas, 1,5 g grasas sat., 12 g azúcares, 0,5 g sal

Punteadas de jugosos arándanos y aromatizadas con limón y vainilla, en cuanto las saque del horno, estas mantecosas magdalenas desaparecerán como por arte de magia.

INGREDIENTES

280 g/2¼ tazas de harina

1 cucharada de levadura en polvo

1 pizca de sal

115 g/½ taza de azúcar moreno

150 g/1 taza de arándanos

2 huevos

250 ml/1 taza de leche

85 g/6 cucharadas de mantequilla con sal, derretida y enfriada

1 cucharadita de esencia de vainilla

la ralladura fina de 1 limón

1. Precaliente el horno a 200 °C (400 °F). Coloque 12 moldes de papel en un molde múltiple para magdalenas. Tamice la harina, la levadura y la sal en un bol grande. Incorpore el azúcar y los arándanos.

2. Bata un poco los huevos en otro bol e incorpore la leche, la mantequilla derretida, la vainilla y la ralladura de limón. Haga un hoyo en el centro de la harina tamizada y vierta dentro los ingredientes líquidos. Remueva con suavidad hasta que la pasta empiece a ligarse, pero no la trabaje demasiado.

3. Reparta la pasta entre los moldes. Cueza las magdalenas en el horno precalentado unos 20 minutos, o hasta que suban, se doren y se noten consistentes al tacto.

4. Déjelas reposar 5 minutos y sírvalas templadas, o déjelas enfriar del todo en una rejilla metálica.

Magdalenas con pepitas de chocolate

 UNIDADES 12 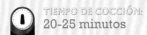 PREPARACIÓN: 20 minutos · TIEMPO DE COCCIÓN: 20-25 minutos

información nutricional por unidad	252 kcal, 11 g grasas, 6,5 g grasas sat., 15 g azúcares, 0,6 g sal

Estas magdalenas poseen una exquisita textura ligera y están llenas de trocitos de chocolate que se derriten en la boca.

INGREDIENTES

300 g/2¹/₃ tazas de harina

5 cucharaditas de levadura en polvo

85 g/6 cucharadas de mantequilla con sal fría, en dados

85 g/¹/₂ taza de azúcar

150 g/6 oz de chocolate con leche, troceado

2 huevos grandes, batidos

200 ml/1 taza de suero de mantequilla

1 cucharadita de esencia de vainilla

1. Precaliente el horno a 200 °C (400 °F). Coloque 12 moldes de papel en un molde múltiple para magdalenas.

2. Tamice la harina con la levadura en un bol grande. Incorpore la mantequilla con los dedos hasta obtener una textura parecida a la del pan rallado. Agregue el azúcar y el chocolate, y remueva.

3. Bata el huevo con el suero de mantequilla y la vainilla. Haga un hoyo en el centro de los ingredientes secos y vierta los líquidos. Remueva con suavidad hasta que la pasta empiece a ligarse, pero no la trabaje demasiado.

4. Reparta la pasta entre los moldes. Cueza las magdalenas en el horno de 20 a 25 minutos, o hasta que suban, se doren y empiecen a notarse consistentes al tacto. Déjelas reposar 5 minutos en el molde y, después, páselas a una rejilla metálica para que se enfríen del todo.

2

2

4

SUGERENCIA
Para hacer moldes para magdalenas, recorte papel vegetal en cuadrados de 13 cm (5 in) de lado. Presiónelos en el hueco del molde y alise los dobleces.

Magdalenas de chocolate blanco y frambuesas

 UNIDADES 12    PREPARACIÓN: 20 minutos    TIEMPO DE COCCIÓN: 20-25 minutos

información nutricional **por unidad**   246 kcal, 11 g grasas, 6,5 g grasas sat., 18 g azúcares, 0,5 g sal

Mejores recién salidas del horno, estas magdalenas son magníficas como tentempié de media mañana.

INGREDIENTES

250 g/2 tazas de harina

1 cucharada de levadura en polvo

115 g/½ taza de azúcar

85 g/6 cucharadas de mantequilla con sal fría, rallada gruesa

1 huevo grande, batido

175 ml/¾ de taza de leche

175 g/1½ tazas de frambuesas

140 g/¾ de taza de pepitas de chocolate blanco

1. Precaliente el horno a 200 °C (400 °F). Coloque 12 moldes de papel en un molde múltiple para magdalenas.

2. Tamice la harina y la levadura en un bol grande y añada el azúcar. Incorpore la mantequilla con un tenedor. En un bol, mezcle el huevo batido con la leche.

3. Haga un hoyo en el centro de los ingredientes sólidos y vierta dentro los líquidos. Remueva con suavidad hasta que la pasta empiece a ligarse, pero no la trabaje demasiado. Incorpore las frambuesas y la mitad de las pepitas de chocolate.

4. Reparta la pasta entre los moldes y esparza el resto de las pepitas de chocolate por encima. Cueza las magdalenas en el horno precalentado de 20 a 25 minutos, o hasta que suban, se doren y empiecen a notarse consistentes al tacto. Déjelas reposar 5 minutos en el molde y, después, páselas a una rejilla metálica para que se enfríen del todo.

VARIACIÓN

Sustituya las frambuesas por moras, frescas o congeladas, o, si prefiere un sabor tropical, por trocitos de mango.

Magdalenas de chocolate con cerezas

 UNIDADES 12   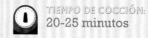 PREPARACIÓN: 20 minutos, más enfriado   TIEMPO DE COCCIÓN: 20-25 minutos

información nutricional por unidad	244 kcal, 12 g grasas, 7 g grasas sat., 16 g azúcares, 0,7 g sal

Unas suntuosas magdalenas de cerezas deshidratadas con una cobertura satinada de chocolate.

INGREDIENTES

225 g/1¾ tazas de harina

1 cucharada de levadura en polvo

40 g/½ taza de cacao en polvo

115 g/½ taza de azúcar moreno

85 g/6 cucharadas de mantequilla con sal fría, rallada gruesa

2 huevos

175 ml/¾ de taza de leche

85 g/⅓ de taza de cerezas deshidratadas

1 cucharada de virutas de chocolate negro

cobertura

55 g/2 oz de chocolate negro

25 g/2 cucharadas de mantequilla sin sal

1. Precaliente el horno a 200 °C (400 °F). Coloque 12 moldes de papel en un molde múltiple para magdalenas. Tamice la harina, la levadura y el cacao en un bol grande. Agregue el azúcar y remueva. Incorpore la mantequilla con un tenedor.

2. Bata un poco los huevos en un bol y añada la leche. Haga un hoyo en el centro de los ingredientes secos y vierta dentro los líquidos. Remueva con suavidad hasta que la pasta empiece a ligarse, pero no la trabaje demasiado. Agregue las cerezas y remueva con suavidad.

3. Reparta la pasta entre los moldes. Cueza las magdalenas en el horno de 20 a 25 minutos, o hasta que suban y se noten consistentes al tacto. Déjelas reposar 5 minutos en el molde y luego páselas a una rejilla metálica para que se enfríen del todo.

4. Para hacer la cobertura, derrita el chocolate con la mantequilla en un bol refractario encajado en la boca de un cazo con agua hirviendo a fuego lento. Deje enfriar la cobertura 15 minutos, extiéndala por encima de las magdalenas y adórnelas con las virutas de chocolate.

SUGERENCIA *Haga las virutas de chocolate con un pelapatatas.*

Magdalenas de frutos rojos

 UNIDADES 12   PREPARACIÓN: 20 minutos   TIEMPO DE COCCIÓN: 20-25 minutos

información nutricional por unidad	255 kcal, 15 g grasas, 7 g grasas sat., 13 g azúcares, 0,5 g sal

Rápidas y fáciles de hacer, estas magdalenas rebosan de jugosos frutos rojos.

INGREDIENTES

225 g/1³/₄ tazas de harina

2 cucharaditas de levadura en polvo

55 g/¹/₂ taza de almendra molida

125 g/²/₃ de taza de azúcar, y un poco más para espolvorear

150 g/1¹/₄ barras de mantequilla con sal derretida

100 ml/¹/₂ taza de leche

2 huevos, batidos

250 g/2 tazas de frutos rojos variados, como arándanos, frambuesas y moras

1. Precaliente el horno a 190 °C (375 °F). Coloque 12 moldes de papel en un molde múltiple para magdalenas.

2. Tamice la harina y la levadura en un bol grande, y añada la almendra molida y el azúcar. Haga un hoyo en el centro.

3. Bata la mantequilla con la leche y el huevo, y viértalo en el hoyo. Remueva con suavidad hasta que la pasta empiece a ligarse, pero no la trabaje demasiado. Incorpore los frutos rojos con cuidado.

4. Reparta la pasta entre los moldes. Cueza las magdalenas en el horno precalentado de 20 a 25 minutos, o hasta que empiecen a tomar color y a notarse consistentes al tacto. Sírvalas templadas o frías, espolvoreadas con azúcar.

2

3

4

Magdalenas de café irlandés

 UNIDADES 12   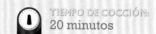 PREPARACIÓN: 20 minutos   TIEMPO DE COCCIÓN: 20 minutos

información nutricional por unidad   232 kcal, 13 g grasas, 8 g grasas sat., 6 g azúcares, 0,6 g sal

El whisky, el licor de café y la nata convierten unas magdalenas tradicionales en un dulce impresionante para una ocasión especial.

INGREDIENTES

280 g/2¼ tazas de harina

1 cucharada de levadura en polvo

1 pizca de sal

85 g/6 cucharadas de mantequilla con sal

55 g/¼ de taza de azúcar moreno

1 huevo grande, batido

125 ml/½ taza de nata (crema) extragrasa

1 cucharadita de esencia de almendra

2 cucharadas de café cargado

2 cucharadas de licor de café

4 cucharadas de whisky irlandés

nata (crema) montada y cacao en polvo, para servir (opcional)

1. Precaliente el horno a 200 °C (400 °F). Coloque 12 moldes de papel en un molde múltiple para magdalenas. Tamice la harina, la levadura y la sal en un bol grande.

2. En otro bol grande, bata la mantequilla con el azúcar y luego incorpore el huevo. Añada la nata, la esencia de almendra, el café, el licor y el whisky, y remueva. Haga un hoyo en el centro de la harina y vierta los ingredientes líquidos. Remueva con suavidad hasta que la pasta empiece a ligarse, pero no la trabaje demasiado.

3. Reparta la pasta entre los moldes. Cueza las magdalenas en el horno precalentado 20 minutos, o hasta que suban, se doren y se noten consistentes al tacto.

4. Déjelas reposar 5 minutos en el molde y luego páselas a una rejilla metálica para que se enfríen del todo. Si lo desea, adórnelas con un remolino de nata montada espolvoreada con cacao en polvo. Guarde las magdalenas en la nevera hasta el momento de servirlas.

VARIACIÓN
Para hacer magdalenas
en miniatura, reparta
la pasta entre 30 mol-
des de papel pequeños
y reduzca la cocción
de 10 a 12 minutos.

Magdalenas de caramelo y cacahuete

 UNIDADES 12  PREPARACIÓN: 20 minutos TIEMPO DE COCCIÓN: 20-25 minutos

información nutricional por unidad	280 kcal, 13 g grasas, 5 g grasas sat., 18 g azúcares, 0,6 g sal

La crema de cacahuete aporta a estas magdalenas un exquisito sabor y una textura deliciosamente crujiente.

INGREDIENTES

250 g/2 tazas de harina

4 cucharaditas de levadura en polvo

85 g/$^1/_3$ de taza de azúcar

6 cucharadas de crema de cacahuete (maní, cacahuate) crujiente

1 huevo grande

175 ml/$^3/_4$ de taza de leche

55 g/4 cucharadas de mantequilla con sal derretida y enfriada

150 g/5$^1/_2$ oz de caramelos blandos de mantequilla a la vainilla, en trocitos

3 cucharadas de cacahuetes (manís, cacahuates) sin sal troceados

1. Precaliente el horno a 200 °C (400 °F). Coloque 12 moldes de papel en un molde múltiple para magdalenas. Tamice la harina con la levadura en un bol grande. Añada el azúcar. Agregue la crema de cacahuete y remueva hasta obtener una textura parecida a la del pan rallado.

2. Bata un poco el huevo en un bol y mézclelo con la leche y la mantequilla derretida. Haga un hoyo en el centro de los ingredientes secos, vierta dentro los líquidos y agregue los trocitos de caramelo. Remueva con suavidad hasta que la pasta empiece a ligarse, pero no la trabaje demasiado.

3. Reparta la pasta entre los moldes. Esparza los cacahuetes por encima. Cueza las magdalenas en el horno precalentado de 20 a 25 minutos, o hasta que suban, se doren y se noten consistentes al tacto.

4. Déjelas reposar 5 minutos en el molde y sírvalas templadas, o déjelas enfriar del todo en una rejilla metálica.

Magdalenas de manzana y canela

 UNIDADES 12 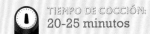 PREPARACIÓN: 20 minutos TIEMPO DE COCCIÓN: 20-25 minutos

información nutricional por unidad | 210 kcal, 9 g grasas, 2 g grasas sat., 13 g azúcares, 0,3 g sal

Magdalenas integrales con avena, azúcar moreno y manzana rallada: deliciosas recién salidas del horno.

INGREDIENTES

200 g/1²/₃ tazas de harina integral

57 g/³/₄ de taza de copos de avena

2 cucharaditas de levadura en polvo

1 cucharadita de canela molida

¹/₂ taza de azúcar moreno

2 huevos grandes

225 ml/1 taza de leche semidesnatada (semidescremada)

100 ml/¹/₂ taza de aceite de girasol

1 cucharadita de esencia de vainilla

1 manzana grande, pelada y rallada

1. Precaliente el horno a 180 °C (350 °F). Coloque 12 moldes de papel en un molde múltiple para magdalenas.

2. Tamice la harina, la avena, la levadura y la canela en un bol grande. Añada el salvado que quede en el tamiz. Incorpore el azúcar.

3. Bata un poco los huevos en un bol y añada la leche, el aceite y la vainilla. Haga un hoyo en el centro de la harina tamizada y vierta dentro los ingredientes líquidos. Remueva con suavidad hasta que la pasta empiece a ligarse, pero no la trabaje demasiado. Incorpore la manzana.

4. Reparta la pasta entre los moldes. Cueza las magdalenas en el horno precalentado de 20 a 25 minutos, o hasta que suban, se doren y se noten consistentes al tacto.

5. Déjelas reposar 5 minutos en el molde y sírvalas templadas, o déjelas enfriar del todo en una rejilla metálica.

2

3

3

Pastelitos y barritas

Bocaditos de doble chocolate

 UNIDADES 12 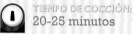 PREPARACIÓN: 30 minutos, más refrigeración   TIEMPO DE COCCIÓN: 20-25 minutos

información nutricional por unidad	480 kcal, 35 g grasas, 19 g grasas sat., 26 g azúcares, 0,8 g sal

¿Hay algo tan delicioso como dos galletas rellenas de una crema que se derrite en la boca? Esta versión con dos chocolates es sencillamente irresistible.

INGREDIENTES

200 g/1²/₃ tazas de harina

1¹/₂ cucharaditas de bicarbonato

25 g/¹/₄ de taza de cacao en polvo

1 buena pizca de sal

85 g/6 cucharadas de mantequilla con sal ablandada

85 g/¹/₃ de taza de margarina

150 g/²/₃ de taza de azúcar moreno

25 g/1 onza de chocolate negro bien rallado

1 huevo grande batido

125 ml/¹/₂ taza de leche

4 cucharadas de fideos de chocolate negro

relleno de chocolate blanco

175 g/6 oz de chocolate blanco troceado

2 cucharadas de leche

300 ml/1¹/₄ tazas de nata (crema) extragrasa

1. Precaliente el horno a 180 °C (350 °F) y forre tres bandejas con papel vegetal. Tamice la harina con el bicarbonato, el cacao y la sal.

2. En un bol grande, bata con las varillas eléctricas la mantequilla con la margarina, el azúcar y el chocolate rallado hasta obtener una crema blanquecina y esponjosa. Incorpore el huevo, la mitad de la harina tamizada y, después, la leche. Añada el resto de la harina y remueva hasta obtener una pasta homogénea.

3. Con una cuchara, deposite 24 montoncitos de pasta en las bandejas, bien separados porque se expandirán durante la cocción. Cueza las galletas en el horno precalentado, de bandeja en bandeja, de 10 a 12 minutos, o hasta que suban y se noten consistentes al tacto. Déjelas reposar 5 minutos y luego, con una espátula, páselas a una rejilla metálica para que se enfríen del todo.

4. Para preparar el relleno, ponga el chocolate y la leche en un bol refractario encajado en la boca de un cazo con agua hirviendo a fuego lento. Caliéntelo hasta que se derrita, removiendo de vez en cuando. Apártelo del calor y déjelo enfriar 30 minutos. Monte la nata con las varillas eléctricas. Incorpore el chocolate derretido. Tape el relleno y déjelo en la nevera de 30 a 45 minutos, o hasta que adquiera una consistencia untuosa.

5. Para montar los bocaditos, unte la mitad de las galletas con el relleno por la parte plana. Con el resto de las galletas, forme los «bocadillos». Extienda los fideos de chocolate en un plato y reboce los bocaditos de lado para adornar el relleno.

Bocaditos de vainilla

 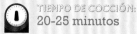
información nutricional por unidad	445 kcal, 24 g grasas, 15 g grasas sat., 39 g azúcares, 0,7 g sal

Estos tiernos bizcochitos están rellenos de una riquísima crema de mantequilla al chocolate. Deliciosos con una buena taza de café a media mañana.

INGREDIENTES

250 g/2 tazas de harina

1 cucharadita de bicarbonato

1 buena pizca de sal

175 g/1½ barras de mantequilla con sal ablandada

150 g/¾ de taza de azúcar

1 huevo grande, batido

2 cucharaditas de esencia de vainilla

150 ml/⅔ de taza de suero de mantequilla

relleno de crema de mantequilla al chocolate

115 g/4 oz de chocolate con leche troceado

115 g/1 barra de mantequilla sin sal ablandada

250 g/2 tazas de azúcar glas (impalpable) tamizado

1. Precaliente el horno a 180 °C (350 °F) y forre dos bandejas con papel vegetal. Tamice la harina con el bicarbonato y la sal.

2. En un bol grande, bata con las varillas eléctricas la mantequilla con el azúcar hasta obtener una crema blanquecina y esponjosa. Incorpore el huevo y la vainilla, la mitad de la harina tamizada y, por último, el suero de mantequilla. Añada el resto de la harina y remueva hasta obtener una pasta homogénea.

3. Con una cuchara, disponga 24 montoncitos de pasta en las bandejas, bien separados porque se expandirán durante la cocción. Cueza las galletas en el horno precalentado, de bandeja en bandeja, de 10 a 12 minutos, o hasta que suban y se noten consistentes al tacto. Déjelas reposar 5 minutos y luego, con una espátula, páselas a una rejilla metálica para que se enfríen del todo.

4. Para preparar el relleno, ponga el chocolate en un bol refractario encajado en la boca de un cazo con agua hirviendo a fuego lento, sin que llegue a tocarla, y espere a que se derrita. Apártelo del calor y déjelo enfriar 20 minutos, removiendo de vez en cuando. En otro bol, bata la mantequilla con las varillas eléctricas 2 o 3 minutos, hasta que esté blanquecina y cremosa. Sin dejar de batir, añada el azúcar glas poco a poco y, después, el chocolate derretido.

5. Para montar los bocaditos, unte la mitad de las galletas con el relleno por la parte plana. Con el resto de las galletas, forme los «bocadillos».

Pastelitos de zanahoria

 UNIDADES 20 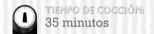 PREPARACIÓN:
1 hora,
más enfriado

TIEMPO DE COCCIÓN:
35 minutos

información nutricional
por unidad | 250 kcal, 15,5 g grasas, 8 g grasas sat., 19 g azúcares, 0,32 g sal

*El pastel de zanahoria es un clásico que no podía faltar aquí.
Si lo desea, prepare los pastelitos con antelación y adórnelos
con las zanahorias de mazapán en el último momento.*

INGREDIENTES

150 g/1¼ barras de mantequilla
con sal ablandada, y para untar

150 g/¾ de taza de azúcar moreno

3 huevos, batidos

150 g/1¼ tazas de harina

2 cucharaditas de levadura en polvo

½ cucharadita de pimienta
de Jamaica molida

85 g/1 taza de almendra molida

la ralladura fina de 1 limón

150 g/1⅓ tazas de zanahoria
rallada

85 g/½ taza de pasas sultanas

para adornar

150 g/⅔ de taza de queso cremoso

40 g/3 cucharadas de mantequilla
sin sal ablandada

115 g/1 taza de azúcar glas
(impalpable), y para espolvorear

2 cucharadas de zumo (jugo)
de limón

colorante alimentario naranja

60 g/2¼ oz de mazapán

unas ramitas de eneldo

1. Precaliente el horno a 180 °C (350 °F). Unte con mantequilla un molde rectangular de 25 x 20 cm (10 x 8 in) de lado y fórrelo con papel vegetal. Unte con mantequilla el papel. En un bol, bata con las varillas eléctricas la mantequilla con el azúcar, el huevo, la harina, la levadura, la pimienta, la almendra y la ralladura de limón hasta obtener una pasta homogénea y cremosa. Incorpore la zanahoria y las pasas troceadas.

2. Extienda la pasta en el molde y alísela con una espátula. Cueza el pastel en el horno precalentado 35 minutos, o hasta que suba y empiece a notarse consistente al tacto. Déjelo reposar 10 minutos y después páselo a una rejilla metálica para que se enfríe del todo.

3. Para adornar, bata el queso con la mantequilla, el azúcar glas y el zumo de limón hasta obtener una crema. Eche unas gotas de colorante sobre el mazapán y extiéndalo con el rodillo en la encimera espolvoreada con un poco de azúcar glas hasta que quede teñido de un color uniforme. Dele forma de salchicha, córtela en 20 trocitos y moldéelos en forma de zanahorias; marque los surcos con un cuchillo.

4. Unte el pastel con la cobertura casi hasta el borde. Recorte y deseche los bordes tostados del pastel y córtelo en 20 cuadraditos. Adorne los pastelitos con 1 zanahoria de mazapán cada uno y coloque 1 ramita de eneldo debajo a modo de hojas.

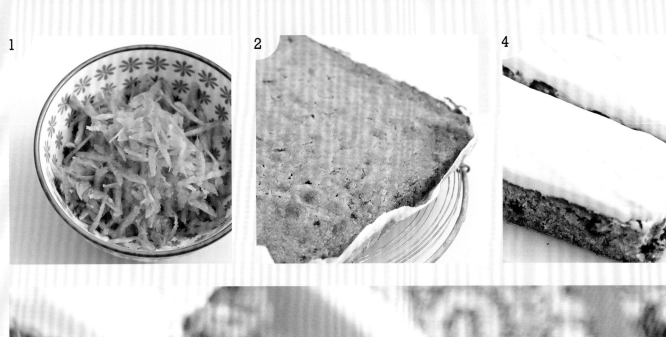

Bocaditos de fresa y nata

 UNIDADES 12 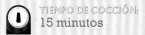 PREPARACIÓN: 20 minutos, más enfriado   TIEMPO DE COCCIÓN: 15 minutos

información nutricional por unidad	211 kcal, 13 g grasas, 8 g grasas sat., 18 g azúcares, 0,2 g sal

Pequeños y delicados, estos pastelitos son un acompañamiento ligero para una taza de café.

INGREDIENTES

70 g/5 cucharadas de mantequilla con sal ablandada, y para untar

70 g/¹/₃ de taza de azúcar y 70 g/¹/₂ taza de harina

³/₄ de cucharadita de levadura en polvo

1 huevo, batido, y 1 yema

1 cucharadita de esencia de vainilla

para adornar

150 ml/¹/₃ de taza de nata (crema) extragrasa

6 cucharadas de confitura de fresa (frutilla)

85 g/²/₃ de taza de azúcar glas (impalpable)

1 cucharada de zumo (jugo) de limón

1. Precaliente el horno a 180 °C (350 °F). Unte con mantequilla un molde para magdalenas mini o ponga en los huecos 12 moldes de papel. Bata con las varillas eléctricas la mantequilla con el azúcar, la harina, la levadura, el huevo, la yema y la vainilla hasta obtener una pasta.

2. Reparta la pasta entre los moldes y alísela. Cueza las magdalenas en el horno precalentado 15 minutos, o hasta que suban y empiecen a notarse consistentes al tacto. Déjelas reposar 5 minutos en el molde y después páselas a una rejilla metálica para que se enfríen del todo. Con un cuchillo afilado, parta las magdalenas por la mitad a lo ancho.

3. Para adornar, monte la nata solo hasta que empiece a ganar cuerpo. Tamice 2 cucharadas de la confitura pasándola por un colador colocado sobre un cuenco. Introdúzcala en una manga pastelera y córtele la punta. Junte las mitades de las magdalenas con el resto de la confitura y la nata montada. Bata el azúcar glas con el zumo de limón hasta obtener un glaseado homogéneo. Repártalo a cucharadas entre los bocaditos, extendiéndolo hacia el borde. Deje caer unas gotas de confitura tamizada sobre el glaseado y extiéndalas en espiral con un palillo.

2

3

3

VARIACIÓN *Sustituya la confitura de fresa por confitura de albaricoque.*

Bollos de arándanos

 UNIDADES 8    PREPARACIÓN: 20 minutos    TIEMPO DE COCCIÓN: 20-22 minutos

información nutricional
por unidad   257 kcal, 10 g grasas, 6 g grasas sat., 13 g azúcares, 0,7 g sal

Estos bollos de arándanos son una auténtica explosión de sabor. Pruébelos untados con un poco de mantequilla y calentados en el horno.

INGREDIENTES

250 g/2 tazas de harina, y un poco más para espolvorear

2 cucharaditas de levadura en polvo

$^1/_4$ de cucharadita de sal

6 cucharadas de mantequilla con sal fría, en dados, y para untar y servir

70 g/$^1/_3$ de taza de azúcar

115 g/1 taza de arándanos

1 huevo

100 ml/$^1/_2$ taza de suero de mantequilla

1 cucharada de leche

1 cucharada de azúcar demerara u otro azúcar sin refinar

1. Precaliente el horno a 200 °C (400 °F) y unte la bandeja con un poco de mantequilla.

2. Tamice en un bol grande la harina con la levadura y la sal. Incorpore la mantequilla con los dedos, hasta obtener una textura parecida a la del pan rallado. Agregue el azúcar y los arándanos, y remueva.

3. Bata el huevo con el suero de mantequilla y viértalo en el bol de los ingredientes secos. Trabájelo hasta ligarlo todo bien. Pase la masa a la encimera espolvoreada con harina y trabájela con suavidad.

4. Presionándola con la palma de la mano, dele forma hasta obtener un redondel de 18 cm (7 in) de diámetro. Con un cuchillo afilado, córtelo en 8 triángulos. Póngalos en la bandeja. Píntelos con la leche y esparza el azúcar demerara por encima. Cueza los bollos en el horno precalentado de 20 a 22 minutos, o hasta que suban y se doren. Déjelos enfriar en una rejilla metálica y sírvalos con mantequilla.

VARIACIÓN
Si no encuentra arándanos frescos, utilícelos congelados o sustitúyalos por 1 taza de arándanos deshidratados endulzados.

Bollos de canela

 UNIDADES 8    PREPARACIÓN: 20 minutos   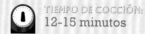 TIEMPO DE COCCIÓN: 12-15 minutos

información nutricional por unidad	241 kcal, 7 g grasas, 4,5 g grasas sat., 18 g azúcares, 0,9 g sal

Estos ricos bollos llevan una pizca de canela y un dulce glaseado, también al aroma de canela.

INGREDIENTES

250 g/2 tazas de harina, y un poco más para espolvorear

4½ cucharaditas de levadura

1 pizca de sal

1 cucharadita de canela molida

55 g/4 cucharadas de mantequilla con sal fría, en dados

40 g/3 cucharadas de azúcar

55 g/⅓ de taza de pasas sultanas

150 ml/⅔ de taza de leche, y un poco más para glasear

glaseado

55 g/½ taza de azúcar glas (impalpable)

½ cucharadita de canela molida

1-2 cucharadas de agua templada

1. Precaliente el horno a 220 °C (425 °F) y unte la bandeja con un poco de mantequilla; espolvoréela con harina.

2. Tamice en un bol grande la harina con la levadura, la sal y la canela. Incorpore la mantequilla con los dedos hasta obtener una textura parecida a la del pan rallado. Agregue el azúcar y las pasas, y remueva.

3. Vierta la leche y remueva hasta obtener una masa suave. En la encimera enharinada, trabájela hasta que quede homogénea. Extiéndala en un redondel de 2 cm (¾ in) de grosor. Recórtela en 8 redondeles. Si fuera necesario, junte los recortes y vuelva a extender la masa.

4. Coloque los redondeles en la bandeja y glaséelos con leche. Cueza los bollos en el horno de 12 a 15 minutos, o hasta que suban y se doren. Déjelos enfriar en una rejilla metálica.

5. Para preparar el glaseado, tamice el azúcar glas y la canela en un bol e incorpore el agua justa para obtener una pasta homogénea. Rocíe los bollos con el glaseado y deje que cuaje. Sírvalos con mantequilla.

2

3

4

COMBINA CON

Mezcle un poco de mantequilla sin sal ablandada con ralladura de naranja y unte con ella los bollos partidos por la mitad.

Bollos de arándanos rojos y naranja

 UNIDADES 6  PREPARACIÓN: 20 minutos 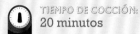 TIEMPO DE COCCIÓN: 20 minutos

información nutricional por unidad — 375 kcal, 14 g grasas, 8 g grasas sat., 12 g azúcares, 0,9 g sal

El desayuno ideal para el día de Navidad.

INGREDIENTES

280 g/2½ tazas de harina, y un poco más para espolvorear

2 cucharaditas de levadura en polvo

¼ de cucharadita de sal

85 g/6 cucharadas de mantequilla con sal fría, en dados, y para untar y servir

55 g/½ taza de azúcar, y un poco más para espolvorear

70 g/½ taza de arándanos rojos deshidratados dulces, picados

1 huevo

150 ml/⅔ de taza de suero de mantequilla

la ralladura fina de 1 naranja

clara de huevo batida, para glasear

1. Precaliente el horno a 200 °C (400 °F) y unte la bandeja con un poco de mantequilla.

2. Tamice la harina con la levadura y la sal en un bol grande. Incorpore la mantequilla con los dedos hasta obtener una textura parecida a la del pan rallado. Agregue el azúcar y casi todos los arándanos. Bata el huevo con el suero de mantequilla y la ralladura de naranja, y viértalo en el bol de los ingredientes secos. Trabaje los ingredientes hasta obtener una pasta homogénea. En la encimera espolvoreada con harina, trabájela con suavidad.

3. Presionándola suavemente con la palma de la mano, vaya dándole forma hasta obtener un rectángulo de 22 x 14 cm (8½ x 5½ in). Con un cuchillo afilado, córtela en 6 cuadrados. Ponga las porciones de pasta en la bandeja y esparza por encima el resto de los arándanos; húndalos un poco con cuidado. Pinte los bollos con clara de huevo batida y espolvoréelos con azúcar.

4. Cueza los bollos en el horno 20 minutos, o hasta que suban y se doren. Déjelos enfriar en una rejilla metálica y sírvalos con mantequilla.

2

2

3

Brownies de chocolate a la canela

 UNIDADES 16  PREPARACIÓN: 40 minutos, más enfriado TIEMPO DE COCCIÓN: 35-40 minutos

información nutricional por unidad	348 kcal, 19 g grasas, 9 g grasas sat., 29 g azúcares, 0,3 g sal

Los brownies de chocolate son fáciles de hacer, se conservan bien y gustan a todo el mundo. Esta versión lleva pacanas, un poco de canela molida y una dulce cobertura de chocolate blanco.

INGREDIENTES

115 g/4 oz de chocolate negro troceado

200 g/1¾ barras de mantequilla con sal, y un poco más para untar

85 g/1 taza de pacanas (nueces pecán) en mitades

250 g/1¼ tazas de azúcar

4 huevos, batidos

125 g/1¾ tazas de harina

2 cucharaditas de canela molida

55 g/2 oz de chocolate blanco troceado

2 cucharadas de leche

115 g/1 taza de azúcar glas (impalpable)

1. Precaliente el horno a 180 °C (350 °F). Unte con un poco de mantequilla un molde bajo cuadrado de 23 cm (9 in) de lado.

2. Derrita el chocolate negro con 1½ barras de la mantequilla en un bol refractario encajado en la boca de un cazo con agua hirviendo a fuego lento, sin que llegue a tocarla. Apártelo del fuego y deje que se enfríe un poco.

3. Reserve 16 medias pacanas para adornar y pique el resto. Con las varillas eléctricas, bata el azúcar con el huevo hasta obtener una crema espesa. Incorpore el chocolate derretido, la harina, la canela y las pacanas picadas.

4. Vierta la pasta en el molde y cueza el pastel en el horno precalentado de 35 a 40 minutos, o hasta que empiece a notarse consistente al tacto. Déjelo enfriar en el molde.

5. Derrita el resto de la mantequilla con el chocolate blanco en un bol refractario encajado en la boca de un cazo con agua hirviendo a fuego lento. Aparte el cazo del fuego e incorpore la leche y el azúcar glas. Cuando esté frío el pastel, extienda la cobertura por encima. Déjela secar 30 minutos y, después, corte el pastel en 16 cuadraditos. Adorne los brownies con media pacana cada uno.

3

5

5

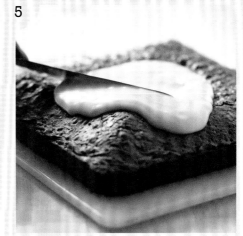

Brownies de chocolate con cerezas

 UNIDADES 12   PREPARACIÓN: 30 minutos   TIEMPO DE COCCIÓN: 45-50 minutos

información nutricional
por unidad | 364 kcal, 21 g grasas, 12 g grasas sat., 33 g azúcares, 0,4 g sal

*Los trozos de chocolate blanco y las jugosas cerezas
les dan el toque original a estos brownies.*

INGREDIENTES

175 g/6 oz de chocolate negro
troceado

175 g/1½ barras de mantequilla
con sal, y un poco más
para untar

225 g/1 taza de azúcar

3 huevos grandes, batidos

1 cucharadita de esencia
de vainilla

125 g/1 taza de harina

1½ cucharaditas de levadura
en polvo

175 g/1 taza de cerezas,
sin el hueso (carozo)

85 g/3 oz de chocolate blanco
troceado

1. Precaliente el horno a 180 °C (350 °F). Unte con un poco de mantequilla un molde bajo cuadrado de 23 cm (9 in) de lado y fórrelo con papel vegetal.

2. Derrita el chocolate con la mantequilla en un bol refractario grande encajado en la boca de un cazo con agua hirviendo a fuego lento, sin que llegue a tocarla. Apártelo del calor y déjelo enfriar 5 minutos.

3. Incorpore al chocolate derretido el azúcar, el huevo y la vainilla. Tamice la harina y la levadura por encima e incorpórelas con suavidad. Vierta la pasta en el molde. Esparza las cerezas y el chocolate blanco por encima.

4. Cueza el pastel en el horno precalentado 30 minutos. Tápelo holgadamente con papel de aluminio y cuézalo de 15 a 20 minutos más, o hasta que empiece a notarse consistente al tacto. Deje que se enfríe por completo dentro del molde y córtelo en cuadraditos.

2

3

3

COMBINA CON

Corte los brownies en daditos y altérnelos con helado de vainilla en copas de helado. Rocíe las copas con salsa de chocolate templada.

Barritas de chocolate blanco y negro con pacanas

 UNIDADES 12   PREPARACIÓN: 30 minutos, más enfriado   TIEMPO DE COCCIÓN: 35-40 minutos

información nutricional por unidad	346 kcal, 21 g grasas, 9 g grasas sat., 28 g azúcares, 0,25 g sal

Con trozos de chocolate blanco y negro y pacanas crujientes, estas tentadoras barritas son todo un capricho.

INGREDIENTES

250 g/9 oz de chocolate blanco troceado

40 g/3 cucharadas de mantequilla con sal, y un poco más para untar

150 g/6 oz de chocolate negro

2 huevos grandes, batidos

85 g/$^1/_3$ de taza de azúcar

115 g/1 taza de harina

1$^1/_2$ cucharaditas de levadura en polvo

1 taza de pacanas (nueces pecán) troceadas

1. Precaliente el horno a 180 °C (350 °F). Unte con mantequilla un molde bajo cuadrado de 20 cm (8 in) de lado.

2. Ponga en un bol refractario 85 g (3 oz) del chocolate blanco y la mantequilla. Encaje el bol en la boca de un cazo con agua hirviendo a fuego lento, sin que llegue a tocarla, y caliéntelo, removiendo de vez en cuando, hasta que todo se derrita y quede homogéneo. Mientras tanto, trocee el resto del chocolate blanco y el negro.

3. Bata los huevos con el azúcar en un bol grande y, después, incorpore el chocolate derretido. Tamice la harina y la levadura por encima. Añada el chocolate troceado y las pacanas. Mezcle bien.

4. Vierta la pasta en el molde y alísela con una espátula. Cueza el pastel en el horno precalentado de 35 a 40 minutos, o hasta que se dore y empiece a notarse consistente al tacto por el centro. Déjelo en el molde hasta que se enfríe por completo y los trozos de chocolate se endurezcan. Después, sáquelo del molde y córtelo en barritas.

SUGERENCIA
No cueza dema-
siado las barritas
o perderían
su maravillosa
textura blanda.

Cake pops de chocolate a la menta

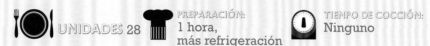

UNIDADES 28

PREPARACIÓN:
1 hora,
más refrigeración

TIEMPO DE COCCIÓN:
Ninguno

información nutricional por unidad	160 kcal, 9 g grasas, 5 g grasas sat., 18 g azúcares, 0,7 g sal

Esta rica golosina de palo con sorpresa se prepara en un abrir y cerrar de ojos. El chocolate con leche les gusta mucho a los niños, pero si prefiere un sabor adulto sustitúyalo por chocolate negro.

INGREDIENTES

300 g/10 oz de chocolate negro troceado

25 g/2 cucharadas de mantequilla sin sal ablandada

50 g/1¾ oz de caramelos duros de menta

450 g/16 oz de chocolate con leche

1 taza de nubes de azúcar pequeñas, troceadas

28 palitos de piruleta

fideos de chocolate, para adornar

1. Forre la bandeja del horno con papel vegetal. Ponga el chocolate negro en un bol refractario encajado en la boca de un cazo con agua hirviendo a fuego lento, sin que llegue a tocarla, y caliéntelo hasta que se derrita. Incorpore la mantequilla. Déjelo reposar hasta que se enfríe, pero sin que llegue a endurecerse.

2. Meta los caramelos de menta en una bolsa de plástico y tritúrelos con el rodillo para desmenuzarlos. Pique bien 6 oz del chocolate con leche y póngalo en el cuenco del chocolate derretido con el caramelo desmenuzado y las nubes de azúcar.

3. Cuando la pasta haya adquirido consistencia y esté maleable, moldéela en 28 bolitas. Póngalas en la bandeja y déjelas en la nevera de 30 a 60 minutos, o hasta que se endurezcan, pero sin llegar a estar quebradizas. Cláveles un palito de piruleta y déjelas en la nevera 10 minutos más.

4. Trocee el resto del chocolate con leche, derrítalo como se indica arriba y apártelo del fuego. Bañe 1 bolita en el chocolate derretido, girándola para que quede bien recubierta. Sáquela, déjela escurrir y póngala de pie en un vaso. Esparza unos fideos de chocolate por encima. Repita la operación con el resto de las bolitas. Déjelas en la nevera o en un lugar frío hasta que cuaje el chocolate.

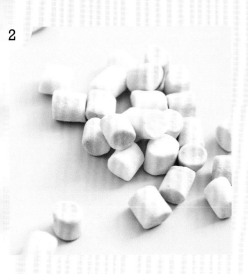

2

3

4

Barritas de nubes de azúcar

UNIDADES 10

PREPARACIÓN:
25 minutos,
más refrigeración

TIEMPO DE COCCIÓN:
Ninguno

información nutricional
por barrita

191 kcal, 7 g grasas, 4 g grasas sat., 17 g azúcares, 0,4 g sal

*Estas barritas crujientes de caramelos de mantequilla y nubes
de azúcar les encantarán a los niños, pero también a los adultos.*

INGREDIENTES

85 g/3 oz de caramelos blandos
de mantequilla

55 g/4 cucharadas de mantequilla
con sal

2 cucharadas de jarabe de maíz
(choclo, elote)

140 g/3 tazas de nubes de azúcar
rosas y blancas en miniatura

115 g/4 tazas de arroz inflado

2 cucharadas de grageas
de chocolate recubiertas
de caramelo

1. Forre con papel vegetal un molde bajo rectangular de 28 x 18 cm (11 x 7 in) de lado.

2. Ponga los caramelos con la mantequilla, el jarabe de maíz y 2 tazas de las nubes de azúcar en un bol refractario grande encajado en la boca de un cazo con agua hirviendo a fuego lento, sin que llegue a tocarla. Caliéntelo hasta que se derrita, removiendo de vez en cuando.

3. Apártelo del calor. Incorpore el arroz inflado. Extienda enseguida la pasta en el molde y alísela con una espátula.

4. Reparta el resto de las nubes y las grageas de chocolate por encima, hundiéndolas un poco. Déjelo en la nevera unas 2 horas, o hasta que se endurezca. Con un cuchillo afilado, córtelo en 10 barritas.

2

3

4

VARIACIÓN
Para hacer una versión de chocolate, sustituya los caramelos de mantequilla por 110 g (4 oz) de chocolate con leche o blanco troceado.

Empedrados

 UNIDADES 8    PREPARACIÓN: 20 minutos, más refrigeración    TIEMPO DE COCCIÓN: Ninguno

información nutricional por unidad — 327 kcal, 22 g grasas, 9 g grasas sat., 23 g azúcares, 0,23 g sal

Las nubes de azúcar, las galletas desmenuzadas, el chocolate y los frutos secos combinan de maravilla en este dulce tan fácil de hacer. En un recipiente hermético, los empedrados se conservarán al menos una semana.

INGREDIENTES

175 g/6 oz de chocolate con leche o negro

55 g/4 cucharadas de mantequilla con sal

12 galletas de mantequilla/100 g/ 3½ oz desmenuzadas

85 g/1½ tazas de nubes de azúcar pequeñas

85 g/½ taza de nueces troceadas o cacahuetes (cacahuates, manís)

1. Forre con papel vegetal un molde cuadrado de 18 cm (7 in) de lado. Trocee el chocolate y derrítalo en un bol refractario encajado en un cazo con agua hirviendo a fuego lento. Añada la mantequilla y remueva hasta que se derrita y se mezcle bien con el chocolate. Déjelo enfriar un poco.

2. Incorpore al chocolate las galletas desmenuzadas, las nubes de azúcar y las nueces.

3. Extiéndalo en el molde preparado y alíselo con el dorso de una cuchara.

4. Déjelo en la nevera al menos 2 horas, o hasta que adquiera consistencia. Desmóldelo con cuidado y córtelo en 8 porciones.

VARIACIÓN
Para darles un toque afrutado, añádales unas cerezas confitadas o unos orejones de albaricoque picados.

Barritas de dátiles, pistachos y miel

 UNIDADES 12 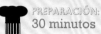 PREPARACIÓN: 30 minutos  TIEMPO DE COCCIÓN: 20-25 minutos

información nutricional por unidad	243 kcal, 14 g grasas, 7 g grasas sat., 11 g azúcares, 0,2 g sal

Un delicioso relleno de dátiles, pistachos y miel encerrado en una pasta mantecosa y crujiente.

INGREDIENTES

250 g/1³/₄ tazas de dátiles picados

2 cucharadas de zumo (jugo) de limón

2 cucharadas de agua

85 g/²/₃ de taza de pistachos picados

2 cucharadas de miel fluida

leche, para glasear

pasta

225 g/1³/₄ tazas de harina, y un poco más para espolvorear

2 cucharadas de azúcar

150 g/1¹/₄ barras de mantequilla con sal

4-5 cucharadas de agua fría

1. Ponga los dátiles, el zumo de limón y el agua en un cazo, y llévelo a ebullición sin dejar de remover. Apártelo del fuego. Incorpore los pistachos y 1 cucharada de la miel. Tápelo y déjelo enfriar.

2. Precaliente el horno a 200 °C (400 °F). Para preparar la pasta, ponga en el robot de cocina la harina con el azúcar y la mantequilla, y trábajelo hasta obtener una textura como de pan rallado. Añada el agua justa para ligar la pasta, de modo que quede fina, pero no pegajosa.

3. Extienda la pasta en la encimera espolvoreada con harina y córtela en dos rectángulos de 30 x 20 cm (12 x 8 in). Ponga uno en la bandeja del horno. Extienda el relleno por encima, dejando 1 cm (¹/₂ in) libre en todo el contorno. Coloque el otro rectángulo de pasta sobre el relleno.

4. Presione bien todo el contorno de la pasta, recorte los cantos y marque la empanada en 12 porciones en forma de barritas. Glaséela con leche. Cueza la empanada en el horno precalentado de 20 a 25 minutos, o hasta que se dore. Píntela con el resto de la miel y desmóldela en una rejilla metálica para que se enfríe. Córtela en barritas y sírvalas.

3

4

4

SUGERENCIA
Selle bien los bordes de la pasta para que el relleno no se salga durante la cocción.

Macarons de vainilla

 UNIDADES 16 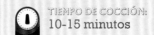 PREPARACIÓN: 20 minutos, más enfriado   TIEMPO DE COCCIÓN: 10-15 minutos

información nutricional por unidad	125 kcal, 5,5 g grasas, 2 g grasas sat., 17,5 g azúcares, 0,7 g sal

Originarios de Francia, estos bocaditos que se derriten en la boca se hacen con almendra molida, azúcar y clara de huevo.

INGREDIENTES

75 g/³/₄ de taza de almendra molida

115 g/1 taza de azúcar glas (impalpable)

las claras de 2 huevos grandes

50 g/¹/₄ de taza de azúcar

¹/₂ cucharadita de esencia de vainilla

relleno

55 g/4 cucharadas de mantequilla sin sal ablandada

¹/₂ cucharadita de esencia de vainilla

115 g/1 taza de azúcar glas (impalpable) tamizado

1. Forre dos bandejas de horno con papel vegetal. Ponga la almendra molida y el azúcar glas en el robot de cocina y muélalo 15 segundos. Tamícelo en un bol.

2. Monte las claras de huevo a punto de nieve en un bol grande bien limpio. Sin dejar de batir, agregue el azúcar poco a poco, y siga batiendo hasta obtener un merengue consistente y satinado. Incorpore la vainilla.

3. Con una espátula, mezcle la almendra tamizada con el merengue, en tres tandas. Cuando lo haya mezclado todo bien, siga removiendo hasta obtener una pasta satinada y espesa que, al levantar la espátula, caiga formando una cinta gruesa.

4. Introduzca la pasta en una manga pastelera con boquilla lisa de 1 cm (¹/₂ in). Deposite en las bandejas 32 montoncitos. Dé un golpe seco con las bandejas en la encimera para eliminar burbujas de aire. Deje reposar los macarons 30 minutos a temperatura ambiente. Precaliente el horno a 160 °C (325 °F).

5. Cueza los macarons en el horno precalentado de 10 a 15 minutos. Déjelos reposar 10 minutos y luego despréndalos del papel vegetal. Espere a que se enfríen del todo.

6. Para preparar el relleno, bata la mantequilla con la vainilla hasta que esté blanquecina y esponjosa. Incorpore el azúcar glas poco a poco, y siga batiendo hasta obtener una textura homogénea y untuosa. Junte los macarons de dos en dos con el relleno.

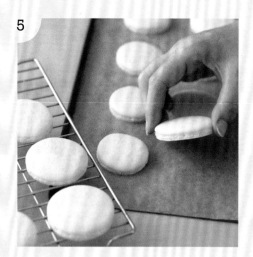

Caramelos blandos de chocolate

 **UNIDADES** 32

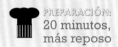 **PREPARACIÓN:** 20 minutos, más reposo

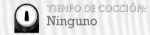 **TIEMPO DE COCCIÓN:** Ninguno

información nutricional por unidad	195 kcal, 9 g grasas, 3,5 g grasas sat., 28 g azúcares, 0,16 g sal

A todo el mundo le gustan los caramelos blandos, sobre todo si, como estos, son de chocolate y frutos secos. Sírvalos con el café de la sobremesa.

INGREDIENTES

2 cucharadas de cacao en polvo

300 ml/1¼ tazas de leche

125 ml/4 oz de chocolate negro, con al menos un 85 % de cacao, bien picado

800 g/4 tazas de azúcar

125 g/1 barra de mantequilla con sal troceada, y un poco más para untar

1 pizca de sal

1½ cucharaditas de esencia de vainilla

175 g/1½ tazas de pacanas (nueces pecán), nueces o avellanas tostadas picadas, o frutos secos variados picados

1. Ponga el cacao en un cuenco y dilúyalo con 2 cucharadas de la leche. Vierta el resto de la leche en una cazuela de base gruesa, agregue el cacao diluido y el chocolate, y caliéntelo a fuego medio-alto, removiendo, hasta que el chocolate se derrita. Añada el azúcar, la mantequilla y la sal, y baje el fuego. Remueva hasta que la mantequilla se derrita, el azúcar se disuelva y no note los gránulos al restregar el dorso de una cuchara contra las paredes de la cazuela.

2. Suba el fuego y llévelo a ebullición. Tápelo y cuézalo 2 minutos. Destápelo y, con cuidado de no quemarse, acople un termómetro para azúcar a un lado de la cazuela. Deje que el caramelo siga hirviendo, sin remover, hasta que alcance los 115 °C (239 °F), o hasta que, al dejar caer un poco en agua fría, se forme una bola.

3. Mientras tanto, forre un molde cuadrado de 20 cm (8 in) de lado con papel de aluminio, úntelo con mantequilla y resérvelo.

4. Aparte la cazuela del fuego, añada la vainilla al caramelo y bata hasta que se espese. Incorpore los frutos secos.

5. Vierta el caramelo en el molde y alíselo con una espátula húmeda. Déjelo reposar al menos 2 horas para que se endurezca. Desmóldelo y despréndalo del papel de aluminio. Córtelo en 8 tiras de 2,5 cm (1 in) y parta cada tira en 4 porciones. Guarde los caramelos hasta una semana en un recipiente hermético.

Barritas de avena
con chocolate y jengibre

 UNIDADES 12 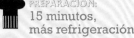 PREPARACIÓN: 15 minutos, más refrigeración   TIEMPO DE COCCIÓN: 15-20 minutos

información nutricional por unidad — 388 kcal, 22 g grasas, 12 g grasas sat., 24 g azúcares, 0,3 g sal

El jengibre en almíbar y la cobertura de chocolate les dan un toque muy especial a estas barritas.

INGREDIENTES

175 g/1½ barras de mantequilla con sal, y para untar

115 g/½ taza de azúcar moreno

3 cucharadas de jarabe de maíz (choclo, elote)

1 cucharada de almíbar de jengibre

2 trozos de jengibre en almíbar, bien picados

350 g/3¾ tazas de copos de avena

cobertura de chocolate
175 g/6 oz de chocolate negro troceado

40 g/3 cucharadas de mantequilla con sal

1. Precaliente el horno a 180 °C (350 °F). Unte con mantequilla un molde bajo rectangular de 28 x 18 cm (11 x 7 in) de lado.

2. Caliente la mantequilla con el azúcar, el jarabe de maíz y el almíbar en una cazuela a fuego lento hasta que se derritan. Apártelo del calor e incorpore el jengibre y la avena.

3. Extiéndalo en el molde y alíselo con una espátula. Cuézalo en el horno de 15 a 20 minutos, o hasta que empiece a tomar color. Déjelo enfriar en el molde.

4. Para preparar la cobertura, derrita el chocolate con la mantequilla en un bol refractario encajado en la boca de un cazo con agua hirviendo a fuego lento, sin que llegue a tocarla. Remuévalo hasta que esté homogéneo y, una vez esté frío, extiéndalo por encima del pastel. Déjelo en la nevera 1 hora, o hasta que se seque la cobertura. Córtelo en 12 barritas.

2

3

4

VARIACIÓN
Sustituya el jengibre por 25 g (3 cucharadas) de orejones de albaricoque picados y 55 g (⅓ de taza) de pasas sultanas.

Galletas

Galletas con pepitas de chocolate

UNIDADES 8 · **PREPARACIÓN:** 10 minutos · **TIEMPO DE COCCIÓN:** 10-12 minutos

información nutricional por unidad	353 kcal, 19 g grasas, 6 g grasas sat., 27 g azúcares, 0,5 g sal

Estas galletas tradicionales son crujientes por fuera y melosas por dentro. Deliciosas recién salidas del horno, también se conservan bien en un recipiente hermético.

INGREDIENTES

mantequilla sin sal derretida, para untar

175 g/1⅓ tazas de harina, tamizada

1 cucharadita de levadura en polvo

125 g/1 barra de margarina derretida

85 g/⅓ de taza de azúcar moreno

55 g/¼ de taza de azúcar

½ cucharadita de esencia de vainilla

1 huevo, batido

125 g/¾ de taza de pepitas de chocolate negro

1. Precaliente el horno a 190 °C (375 °F). Unte con un poco de mantequilla dos bandejas de horno.

2. En un bol grande, trabaje todos los ingredientes juntos hasta obtener una pasta homogénea.

3. Deposite en las bandejas cucharadas de la pasta, bien espaciadas.

4. Cueza las galletas en el horno precalentado de 10 a 12 minutos, o hasta que se doren bien. Déjelas enfriar en una rejilla metálica.

Galletas bicolores

 UNIDADES 20

 PREPARACIÓN:
20 minutos,
más enfriado

TIEMPO DE COCCIÓN:
15 minutos

información nutricional por unidad	240 kcal, 11 g grasas, 6,5 g grasas sat., 23 g azúcares, 0,7 g sal

*Galletas crujientes y mantecosas aromatizadas con vainilla
y adornadas con nata y chocolate.*

INGREDIENTES

115 g/1 barra de mantequilla sin sal ablandada, y para untar

1 cucharadita de esencia de vainilla

175 g/1 taza de azúcar

2 huevos, batidos

300 g/2¹⁄₃ tazas de harina

¹⁄₂ cucharadita de levadura en polvo

200 ml/³⁄₄ de taza de leche

cobertura

225 g/1³⁄₄ tazas de azúcar glas (impalpable)

125 ml/¹⁄₂ taza de nata (crema) extragrasa

¹⁄₈ de cucharadita de esencia de vainilla

85 g/3 oz de chocolate negro

1. Precaliente el horno a 190 °C (375 °F). Unte con mantequilla tres bandejas de horno. Ponga la mantequilla, la vainilla y el azúcar en un bol grande. Bátalo con las varillas hasta obtener una crema ligera y esponjosa, y, a continuación, añada el huevo poco a poco, sin dejar de batir.

2. Tamice la harina y la levadura en el bol e incorpórelas a la crema, aligerando la pasta con la leche para obtener una consistencia más bien fluida. Deposite en las bandejas cucharadas colmadas de la pasta, bien espaciadas. Cueza las galletas en el horno precalentado 15 minutos, o hasta que empiecen a dorarse por los bordes y se noten blandas al tacto. Déjelas enfriar del todo en una rejilla metálica.

3. Para preparar la cobertura, ponga el azúcar glas en un cuenco e incorpore la mitad de la nata y la vainilla, removiendo hasta obtener una consistencia espesa y untuosa. Con una espátula, unte la mitad de cada galleta con la cobertura de nata. Derrita el chocolate en un bol refractario encajado en la boca de un cazo de agua hirviendo a fuego lento, sin que llegue a tocarla. Apártelo del fuego e incorpórele la nata restante. Unte la otra mitad de las galletas con la cobertura de chocolate.

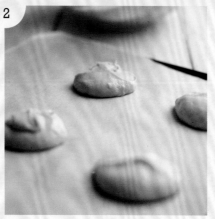

COMBINA CON Estas galletas son estupendas con el café de media mañana.

Galletas de coco
y arándanos rojos

 UNIDADES 30 PREPARACIÓN: 10 minutos 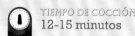 TIEMPO DE COCCIÓN: 12-15 minutos

información nutricional por unidad	123 kcal, 7 g grasas, 5 g grasas sat., 5 g azúcares, 0,2 g sal

En estas crujientes galletas, el dulzor natural del coco complementa a la perfección la acidez de los arándanos rojos.

INGREDIENTES

225 g/2 barras de mantequilla con sal ablandada

140 g/²/₃ de taza de azúcar

1 yema de huevo

2 cucharaditas de esencia de vainilla

280 g/2¼ tazas de harina

1 pizca de sal

40 g/¹/₂ taza de coco rallado

60 g/¹/₄ de taza de arándanos rojos deshidratados

1. Precaliente el horno a 190 °C (375 °F) y forre varias bandejas con papel vegetal.

2. Bata la mantequilla con el azúcar en un bol hasta obtener una crema blanquecina, y, después, incorpore la yema de huevo y la vainilla. Tamice la harina y la sal en el bol, añada el coco y los arándanos, y remueva bien.

3. Forme montoncitos con cucharadas de la pasta y deposítelos, bien separados, en las bandejas.

4. Cueza las galletas en el horno precalentado de 12 a 15 minutos, o hasta que se doren bien. Déjelas entibiar de 5 a 10 minutos y, con una espátula, páselas a una rejilla metálica para que se enfríen del todo.

2

2

3

Galletas de huevo al ron

 UNIDADES 35 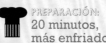 PREPARACIÓN: 20 minutos, más enfriado  TIEMPO DE COCCIÓN: 20-25 minutos

información nutricional por unidad	112 kcal, 4 g grasas, 2,5 g grasas sat., 10 g azúcares, 0,1 g sal

Aromatizadas con ron, vainilla y nuez moscada, estas galletas maravillosamente crujientes y doradas solo son aptas para adultos.

INGREDIENTES

1 huevo, batido

175 g/1 taza de azúcar

6 cucharadas de ron

3 cucharadas de leche

150 g/1¼ barras y 1 cucharada de mantequilla con sal ablandada, y un poco más para untar

1 cucharadita de esencia de vainilla

2 yemas de huevo

280 g/2¼ tazas de harina

1 cucharadita de levadura en polvo

³/₄ de cucharadita de nuez moscada molida

175 g/1¹/₃ tazas de azúcar glas (impalpable)

1. Precaliente el horno a 160 °C (325 °F) y unte con mantequilla varias bandejas. Bata el huevo con 2 cucharadas del azúcar, el ron y la leche hasta que esté espumoso. Resérvelo.

2. En un bol grande, bata el resto del azúcar con 1¼ barras de la mantequilla hasta obtener una crema blanquecina. Incorpórele la vainilla y las yemas, y bata hasta que quede homogénea.

3. Tamice en el bol la harina con la levadura y ½ cucharadita de nuez moscada, e incorpore ½ taza del ron con leche.

4. Deposite en las bandejas cucharadas colmadas de pasta, bien espaciadas. Aplánelas un poco con los dedos húmedos y cueza las galletas en el horno precalentado de 20 a 25 minutos, o hasta que se doren por abajo.

5. Déjelas reposar 5 minutos en la bandeja y, después, páselas a una rejilla metálica para que se enfríen del todo.

6. Cuando las galletas se hayan enfriado, bata el azúcar glas con la cucharada de mantequilla restante y el resto del ron con leche hasta obtener una crema ligera y untuosa. Unte las galletas y adórnelas con la nuez moscada restante. Déjelas reposar unas horas para que cuaje la cobertura.

Galletas de avena y manzana

 UNIDADES 26    PREPARACIÓN: 20 minutos   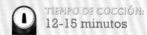 TIEMPO DE COCCIÓN: 12-15 minutos

información nutricional por unidad	160 kcal, 8 g grasas, 5 g grasas sat., 11 g azúcares, 0,3 g sal

La manzana, la avena y las pasas combinan a la perfección en estas galletas crujientes, pero jugosas.

INGREDIENTES

2 manzanas, peladas y sin el corazón (peso final, 200 g/7 oz)

1 cucharadita de zumo (jugo) de limón

225 g/2 barras de mantequilla con sal ablandada, y un poco más para untar

100 g/½ taza de azúcar moreno

100 g/½ taza de azúcar

1 huevo, batido

225 g/1¾ tazas de harina

2¾ cucharaditas de levadura en polvo

150 g/1⅔ tazas de copos de avena

85 g/½ taza de pasas

1. Precaliente el horno a 180 °C (350 °F) y unte tres bandejas con mantequilla. Corte las manzanas en trocitos y rocíelas con el zumo de limón.

2. En un bol, bata la mantequilla con los dos azúcares hasta obtener una crema. Incorpore el huevo poco a poco, sin dejar de batir. Tamice la harina con la levadura y mézclelas con la avena, las pasas y la manzana. Mézclelo bien con la crema.

3. Deposite en las bandejas cucharadas colmadas de pasta, bien espaciadas.

4. Cueza las galletas en el horno precalentado de 12 a 15 minutos, o hasta que se doren por los bordes. Déjelas reposar de 5 a 10 minutos, o hasta que estén lo bastante consistentes como para pasarlas a una rejilla metálica para que se enfríen del todo.

CONGELACIÓN

Congélelas sin tapar en bandejas hasta que se solidifiquen, y luego guárdelas en bolsas con cierre hermético dos meses como máximo. Descongélelas una hora a temperatura ambiente.

Galletas de congelador
al chocolate

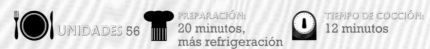

UNIDADES 56   PREPARACIÓN: 20 minutos, más refrigeración   TIEMPO DE COCCIÓN: 12 minutos

información nutricional por unidad	44 kcal, 2 g grasas, 1 g grasas sat., 2 g azúcares, 0,1 g sal

Ideal para cuando se presentan invitados inesperados o para la merienda de los niños. La masa se puede rebanar, congelar y meter en el horno sin descongelar.

INGREDIENTES

325 g/2⅔ tazas de harina

2 cucharadas de cacao en polvo

½ cucharadita de bicarbonato

1 cucharadita de jengibre molido

½ cucharadita de canela molida

125 ml/½ taza de melaza (miel de caña)

4 cucharadas de agua hirviendo

115 g/1 barra de mantequilla con sal ablandada

4 cucharadas de azúcar

azúcar glas (impalpable), para espolvorear

1. Tamice en un bol la harina con el cacao, el bicarbonato, el jengibre y la canela, y resérvelo. Diluya la melaza en el agua hirviendo y resérvela.

2. En un bol grande, bata la mantequilla con las varillas eléctricas hasta obtener una crema. Sin dejar de batir, añada el azúcar poco a poco, y siga batiendo hasta que la crema quede blanquecina y esponjosa. Añada la mezcla tamizada en alternancia con la melaza diluida, y trabájelo hasta obtener una masa fina.

3. Divida la masa en dos y envuelva las mitades en film transparente como si fueran fiambres de unos 19 cm (7½ in) de largo y 4 cm (1½ in) de grosor. Déjelo en la nevera 2 horas y, después, guárdelo en el congelador, 2 horas como mínimo y 2 meses como máximo.

4. Cuando vaya a hacer las galletas, precaliente el horno a 180 °C (350 °F) y forre con papel vegetal las bandejas que crea que va a necesitar. Desenvuelva la masa, deseche las puntas y córtela en rebanadas de 5 mm (¼ de in). Vuelva a envolver y a congelar la masa que sobre.

5. Disponga las rebanadas de masa en la o las bandejas y cueza las galletas en el horno precalentado 12 minutos. Sáquelas del horno, déjelas reposar 3 minutos, páselas a una rejilla metálica, espolvoréelas con azúcar glas y déjelas enfriar del todo.

Estrellas de canela

 UNIDADES 20

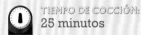 PREPARACIÓN:
25 minutos,
más refrigeración

TIEMPO DE COCCIÓN:
25 minutos

información nutricional por unidad	116 kcal, 8 g grasas, 0,6 g grasas sat., 9 g azúcares, trazas de sal

Estas graciosas galletas de avellana con canela son un bonito regalo de Navidad hecho con las propias manos.

INGREDIENTES

2 claras de huevo

175 g/1$\frac{1}{3}$ tazas de azúcar glas (impalpable), y un poco más para espolvorear

250 g/3 tazas de avellana molida tostada

1 cucharadita de canela molida

1. Monte las claras a punto de nieve en un bol bien limpio. Incorpore el azúcar y, después, siga batiendo hasta obtener un merengue espeso y satinado.

2. Reserve $\frac{1}{4}$ de taza del merengue. Mezcle el resto con la avellana molida y la canela para obtener una masa consistente. Déjela en la nevera alrededor de 1 hora.

3. Precaliente el horno a 140 °C (275 °F) y forre dos bandejas con papel vegetal. En la encimera espolvoreada con abundante azúcar glas, extienda la masa en una lámina de 1 cm ($\frac{1}{2}$ in) de grosor.

4. Recórtela con un cortapastas de estrella de 5 cm (2 in), espolvoreándolo con azúcar glas para que no se pegue. Si fuera necesario, extienda los recortes para obtener más estrellas.

5. Disponga las galletas en las bandejas, bien espaciadas, y reparta el merengue reservado por encima.

6. Cueza las galletas en el horno precalentado 25 minutos: deben quedar crujientes por arriba, pero blancas, y algo blandas y húmedas por abajo. Apague el horno, abra la puerta para que salga el calor y deje secar las galletas en el interior 10 minutos. Páselas a una rejilla metálica para que se enfríen del todo.

Galletas de chocolate blanco y nueces de macadamia

 UNIDADES 16  PREPARACIÓN: 25 minutos TIEMPO DE COCCIÓN: 12-14 minutos

información nutricional por unidad	165 kcal, 10 g grasas, 5 g grasas sat., 10 g azúcares, 0,2 g sal

Crujientes galletas de chocolate y frutos secos que se preparan en un momento y se convertirán en las preferidas de toda la familia.

INGREDIENTES

115 g/1 barra de mantequilla con sal ablandada, y un poco más para untar

115 g/^{1}/$_2$ taza de azúcar moreno

1 cucharada de jarabe de maíz (choclo, elote)

175 g/1^1/$_3$ tazas de harina

2 cucharaditas de levadura en polvo

55 g/^{1}/$_3$ de taza de nueces de macadamia troceadas

55 g/2 oz de chocolate con leche troceado

1. Precaliente el horno a 180 °C (350 °F) y unte con mantequilla dos bandejas.

2. Bata la mantequilla con el azúcar en un bol hasta obtener una crema blanquecina y, después, incorpore el jarabe de maíz. Tamice la harina y la levadura por encima, añada las nueces de macadamia y remueva hasta obtener una pasta basta.

3. Divida la pasta en 16 bolas y dispóngalas en las bandejas, bien separadas porque se expandirán durante la cocción. Aplánelas un poco con la punta de los dedos y reparta el chocolate troceado por encima, hundiéndolo un poco.

4. Cueza las galletas en el horno precalentado de 12 a 14 minutos, o hasta que empiecen a ganar consistencia y a dorarse. Déjelas reposar 5 minutos y luego páselas a una rejilla metálica para que se enfríen del todo.

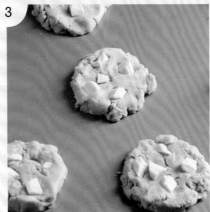

SUGERENCIA
Si las galletas se expandieran demasiado durante la cocción, vuelva a darles forma con un cuchillo cuando las saque del horno.

Bocaditos de nubes
y chocolate

 UNIDADES 15 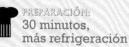 PREPARACIÓN: 30 minutos, más refrigeración TIEMPO DE COCCIÓN: 12-17 minutos

información nutricional por unidad	371 kcal, 20 g grasas, 12 g grasas sat., 30 g azúcares, 0,4 g sal

Estos bocaditos de chocolate rellenos de confitura de naranja y nubes de azúcar desaparecerán sin que se dé ni cuenta.

INGREDIENTES

225 g/2 barras de mantequilla con sal ablandada

140 g/²/₃ de taza de azúcar

2 cucharaditas de ralladura fina de naranja

1 yema de huevo un poco batida

250 g/2 tazas de harina

25 g/¹/₄ de taza de cacao en polvo

¹/₂ cucharadita de canela molida

1 pizca de sal

30 nubes de azúcar amarillas, partidas a lo largo

300 g/10 oz de chocolate negro troceado

4 cucharadas de confitura de naranja

15 mitades de nueces, para adornar

1. Bata la mantequilla con el azúcar y la ralladura de naranja en un bol grande hasta obtener una crema blanquecina y esponjosa, y, después, incorpore la yema de huevo. Tamice por encima la harina, el cacao, la canela y la sal, y remueva hasta obtener una masa. Divídala en 2 porciones, deles forma de bola, envuélvalas en film transparente y déjelas en la nevera de 30 a 60 minutos.

2. Precaliente el horno a 190 °C (375 °F) y forre varias bandejas con papel vegetal. Desenvuelva la masa y extienda cada porción entre dos hojas de papel vegetal. Recorte 30 galletas con un cortapastas acanalado de 6 cm (2¹/₂ in) de diámetro y repártalas bien espaciadas entre las bandejas. Cuézalas en el horno precalentado de 10 a 15 minutos. Déjelas enfriar 5 minutos. Deles la vuelta a la mitad de las galletas y ponga 4 medias nubes de azúcar sobre cada una. Cuézalas un par de minutos más en el horno. Déjelas enfriar 30 minutos en unas rejillas metálicas.

3. Ponga el chocolate en un bol refractario encajado en la boca de un cazo con agua hirviendo a fuego lento, sin que llegue a tocarla, y espere a que se derrita. Forre una bandeja de horno con papel vegetal. Unte la otra mitad de las galletas con la confitura de naranja y colóquelas encima de las que están cubiertas de nubes de azúcar. Sumerja los bocaditos en el chocolate derretido. Adórnelos con media nuez cada uno y deje que se seque el chocolate.

Galletas de caramelos de mantequilla

 UNIDADES 22  PREPARACIÓN: 20 minutos  TIEMPO DE COCCIÓN: 8-10 minutos

información nutricional por unidad: 118 kcal, 5,5 g grasas, 3 g grasas sat., 9,5 g azúcares, 0,35 g sal

Los trozos de caramelo derretido aportan a estas galletas doradas una textura exquisitamente masticable.

INGREDIENTES

115 g/1 barra de mantequilla con sal ablandada

175 g/³/₄ de taza de azúcar moreno

1 huevo grande, batido

1 cucharadita de esencia de vainilla

200 g/1²/₃ tazas de harina

1 cucharadita de bicarbonato

2¹/₄ cucharaditas de levadura en polvo

10 caramelos de mantequilla, troceados

1. Precaliente el horno a 180 °C (350 °F) y forre tres bandejas con papel vegetal.

2. Bata la mantequilla con el azúcar en un bol hasta obtener una crema. Incorpore el huevo y la vainilla. Tamice por encima la harina, el bicarbonato y la levadura, e incorpórelos con suavidad. Agregue los caramelos de mantequilla y remueva.

3. Deposite en las bandejas cucharadas colmadas de la pasta, bien espaciadas.

4. Cueza las galletas en el horno precalentado de 8 a 10 minutos, o hasta que empiecen a dorarse. Déjelas enfriar en las bandejas y sepárelas del papel.

2

3
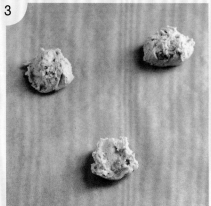

4
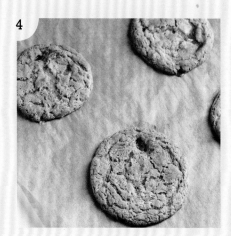

SUGERENCIA
Deje los caramelos
en un lugar cálido
unos 30 minutos
antes de trocear-
los, para que se
ablanden un poco.

Galletas de azúcar

 UNIDADES 20   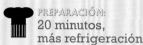 PREPARACIÓN: 20 minutos, más refrigeración   TIEMPO DE COCCIÓN: 10-12 minutos

información nutricional por unidad | 90 kcal, 5 g grasas, 3 g grasas sat., 3 g azúcares, trazas de sal

Crujientes, ligeras y mantecosas, con un toque de limón y azucaradas: las galletas perfectas.

INGREDIENTES

115 g/1 barra de mantequilla con sal ablandada, y un poco más para untar

55 g/$^1/_4$ de taza de azúcar, y un poco más para espolvorear

1 cucharadita de ralladura fina de limón

1 yema de huevo

175 g/1$^1/_3$ tazas de harina, y un poco más para espolvorear

1. Bata la mantequilla con el azúcar hasta obtener una crema blanquecina. Incorpore la ralladura de limón y la yema de huevo. Tamice la harina por encima y remueva hasta obtener una masa. En la encimera, trabájela hasta que quede homogénea, añadiendo un poco más de harina si fuera necesario. Divídala en 2 porciones, deles forma de bola, envuélvalas en film transparente y déjelas en la nevera 1 hora.

2. Precaliente el horno a 180 °C (350 °F) y unte con un poco de mantequilla dos bandejas.

3. Extienda la masa en la encimera espolvoreada con harina, en una lámina de 5 mm ($^1/_4$ in) de grosor. Con un cortapastas en forma de flor de 7 cm (2$^3/_4$ in) de diámetro, recorte 20 galletas. Si fuera necesario, junte los recortes y vuelva a extender la masa. Disponga las galletas en las bandejas y espolvoréelas con azúcar.

4. Cueza las galletas en el horno de 10 a 12 minutos, o hasta que empiecen a dorarse. Déjelas reposar 2 o 3 minutos y luego páselas a una rejilla metálica para que se enfríen del todo.

1

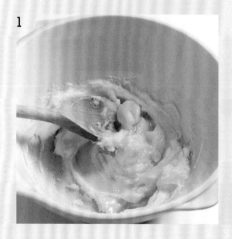

3

3

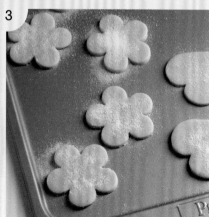

Copos de pan de jengibre

 UNIDADES 30  PREPARACIÓN:
25 minutos,
más enfriado

TIEMPO DE COCCIÓN:
10 minutos

información nutricional por unidad	111 kcal, 3,5 g grasas, 2 g grasas sat., 11 g azúcares, 0,2 g sal

Estas galletas tan navideñas pueden prepararse un par de semanas antes de las fiestas. Si va a regalarlas, preséntelas en cajas forradas con papel de seda o bolsas de celofán.

INGREDIENTES

350 g/2³/₄ tazas de harina, y un poco más para espolvorear

1 cucharada de jengibre molido

1 cucharadita de bicarbonato

115 g/1 barra de mantequilla con sal ablandada

175 g/³/₄ de taza de azúcar moreno

1 huevo, batido

4 cucharadas de jarabe de maíz (choclo, elote)

glaseado

115 g/1 taza de azúcar glas (impalpable)

2 cucharadas de zumo (jugo) de limón

1. Precaliente el horno a 180 °C (350 °F) y unte con mantequilla tres bandejas.

2. Tamice en un bol la harina, el jengibre y el bicarbonato. Con la punta de los dedos, trabájelo con la mantequilla hasta obtener una textura parecida a la del pan rallado; después, incorpore el azúcar.

3. En un bol aparte, bata con un tenedor el huevo con el jarabe de maíz. Viértalo en el bol de la harina y mézclelo hasta obtener una masa homogénea, trabajándola un poco con las manos.

4. Extienda la masa en la encimera espolvoreada con harina, en una lámina de 5 mm (¹/₄ de in) de grosor, y córtela con un cortapastas de estrella. Pase las galletas a las bandejas.

5. Cueza las galletas en el horno 10 minutos, o hasta que se doren bien. Sáquelas del horno, déjelas reposar 5 minutos y páselas con una espátula a una rejilla metálica para que se enfríen del todo.

6. Cuando las galletas se hayan enfriado, mezcle el azúcar glas con el zumo de limón e introdúzcalo en una manga pastelera equipada con una boquilla pequeña. Adorne las estrellas con el glaseado como si fueran copos de nieve. Déjelas reposar unas horas para que se seque el glaseado.

2

4

6

Carquiñoles de pistacho

 UNIDADES 30 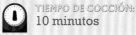 PREPARACIÓN: 25 minutos, más refrigeración

TIEMPO DE COCCIÓN: 10 minutos

información nutricional por unidad	125 kcal, 8 g grasas, 4 g grasas sat., 5 g azúcares, 0,15 g sal

Estas galletas poseen una exquisita textura crujiente, ideal para mojar en una taza de capuchino bien caliente.

INGREDIENTES

225 g/2 barras de mantequilla con sal ablandada

140 g/²/₃ de taza de azúcar

la ralladura fina de 1 limón

1 yema de huevo un poco batida

2 cucharaditas de brandy

280 g/2¹/₄ tazas de harina

1 pizca de sal

85 g/²/₃ de taza de pistachos

azúcar glas (impalpable), para espolvorear

1. En un bol, mezcle bien la mantequilla con el azúcar y la ralladura de limón con una cuchara de madera. A continuación, incorpore la yema de huevo y el brandy. Tamice la harina con la sal en el bol e incorpore los pistachos. Trabájelo hasta obtener una masa.

2. Modele la masa en un rollo largo y estrecho, aplánelo un poco, envuélvalo en film transparente y déjelo en la nevera de 30 a 60 minutos.

3. Precaliente el horno a 190 °C (375 °F) y forre dos bandejas con papel vegetal. Desenvuelva la masa y, con un cuchillo de sierra afilado, córtela un poco al bies en rebanadas de 5 mm (¹/₄ de in). Póngalas bien espaciadas en las bandejas.

4. Cueza los carquiñoles en el horno 10 minutos, o hasta que se doren bien. Déjelos reposar de 5 a 10 minutos y, con una espátula, páselos a una rejilla metálica para que se enfríen del todo. Espolvoréelos con azúcar glas.

1

2
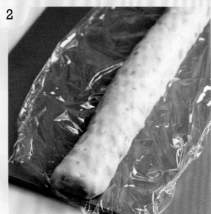

3
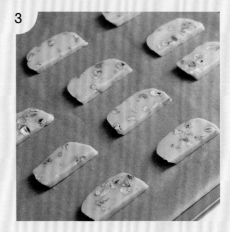

VARIACIÓN
Sustituya la ralladura
de limón y los pista-
chos por ralladura de
naranja y almendras
escaldadas picadas.

Galletas blandas con trozos de chocolate

 UNIDADES 22   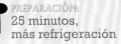 PREPARACIÓN:
25 minutos,
más refrigeración   TIEMPO DE COCCIÓN:
15-20 minutos

información nutricional
por unidad   174 kcal, 10 g grasas, 6 g grasas sat., 8,5 g azúcares, 0,2 g sal

*Las galletas blandas quedan aún más ricas
con unos deliciosos tropezones de chocolate.*

INGREDIENTES

225 g/1³/₄ tazas de harina

85 g/²/₃ de taza de maicena, y un
poco más para espolvorear

115 g/4 oz de chocolate con leche
o negro

225 g/2 barras de mantequilla
con sal ablandada, y un poco
más para untar

115 g/¹/₂ taza de azúcar

1. Precaliente el horno a 180 °C (350 °F) y unte dos bandejas con un poco de mantequilla. Tamice la harina con la maicena en un bol y resérvela. Con un cuchillo afilado, trocee el chocolate.

2. Bata la mantequilla con el azúcar, con una cuchara de madera, hasta obtener una crema blanquecina. Incorpore poco a poco la harina tamizada y tres cuartas partes del chocolate, y remueva hasta obtener una masa suave. Divídala en 2 porciones, deles forma de bola y envuélvalas en film transparente. Déjelas en la nevera de 20 a 25 minutos.

3. Espolvoree la encimera con maicena y extienda la masa con suavidad, en una lámina de 5 mm (¹/₂ in) de grosor. Con un cortapastas redondo de 5¹/₂ cm (2¹/₄ in) de diámetro, recórtela en 22 redondeles. Si fuera necesario, junte los recortes y trabaje la masa de nuevo. Disponga los redondeles de masa en la bandeja y esparza el resto del chocolate troceado por encima, hundiéndolo un poco. Cueza las galletas en el horno precalentado de 15 a 20 minutos, o hasta que empiecen a tomar color. Déjelas reposar 10 minutos y luego páselas a una rejilla metálica para que se enfríen del todo.

1

2

3

Galletas de frutos secos con chocolate negro

 UNIDADES 18 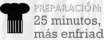 PREPARACIÓN: 25 minutos, más enfriado  TIEMPO DE COCCIÓN: 7-9 minutos

información nutricional por unidad | 197 kcal, 12 g grasas, 5 g grasas sat., 11 g azúcares, 0,1 g sal

Estas crujientes galletas de frutos secos se bañan en chocolate para que resulten aún más especiales.

INGREDIENTES

200 g/1²/₃ tazas de harina, y un poco más para espolvorear

¹/₂ cucharadita de bicarbonato

115 g/1 barra de mantequilla sin sal fría y en dados, y un poco más para untar

85 g/¹/₃ de taza de azúcar moreno

2 cucharadas de jarabe de maíz (choclo, elote)

1 huevo, batido

55 g/¹/₃ de taza de avellanas escaldadas picadas

55 g/¹/₂ taza de pacanas (nueces pecán) picadas

140 g/5 oz de chocolate negro troceado

1. Precaliente el horno a 190 °C (375 °F) y unte dos bandejas con un poco de mantequilla.

2. Tamice la harina con el bicarbonato en un bol. Trabajando con la punta de los dedos, mézclela con la mantequilla para obtener una textura de pan rallado. Agregue el azúcar, el jarabe, el huevo y dos tercios de las avellanas y de las pacanas picadas, y mezcle bien.

3. Deposite en las bandejas cucharadas colmadas de la pasta, bien espaciadas. Aplánelas un poco con el dorso de la cuchara y esparza el resto de las avellanas y de las pacanas por encima.

4. Cueza las galletas en el horno precalentado de 7 a 9 minutos, o hasta que se doren bien. Déjelas reposar 5 minutos y luego páselas a una rejilla metálica para que se enfríen del todo.

5. Derrita el chocolate en un bol refractario encajado en la boca de un cazo con agua hirviendo, sin que llegue a tocarla. Moje las galletas en el chocolate y déjelas en una rejilla metálica hasta que se sequen.

2

3
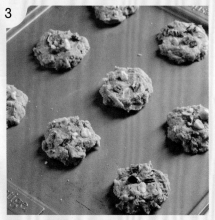

5

CONGELACIÓN
Se conservan hasta dos meses en el congelador, separadas con papel vegetal en un recipiente adecuado. Descongélalas 2 horas a temperatura ambiente.

Piruletas de galleta

UNIDADES 24

PREPARACIÓN:
30 minutos,
más refrigeración

TIEMPO DE COCCIÓN:
12-14 minutos

información nutricional por unidad	115 kcal, 5 g grasas, 3 g grasas sat., 9 g azúcares, 0,2 g sal

Perfectas para las fiestas: a los niños les encantarán estas galletas blandas clavadas en palitos de piruleta.

INGREDIENTES

125 g/1 barra de mantequilla con sal ablandada, y un poco más para untar

100 g/½ taza de azúcar moreno

100 g/½ taza de azúcar

1 huevo un poco, batido

½ cucharadita de esencia de vainilla

250 g/2 tazas de harina

3 cucharaditas de levadura en polvo

1 pizca de sal

24 palitos de piruleta

2-3 cucharadas de grageas de chocolate recubiertas de caramelo

1. Precaliente el horno a 180 °C (350 °F) y unte tres bandejas con un poco de mantequilla.

2. En un bol, bata la mantequilla con los dos azúcares hasta obtener una crema blanquecina y, después, incorpore el huevo y la vainilla. Tamice en el bol la harina con la levadura y la sal, y remueva hasta ligar la masa. Trabájela un poco hasta que esté homogénea, divídala en 2 porciones, deles forma de bola, envuélvalas en film transparente y déjelas en la nevera 30 minutos.

3. Divida la masa en 24 porciones iguales y deles forma de bola. Dispóngalas bien espaciadas en las bandejas. Cláveles a cada una 1 palito de piruleta algo inclinado. Aplane las galletas con la punta de los dedos y adórnelas con 4 o 5 grageas de chocolate.

4. Cueza las galletas en el horno precalentado de 12 a 14 minutos, o hasta que empiecen a dorarse. Déjelas reposar 5 minutos y luego páselas a una rejilla metálica para que se enfríen del todo.

2

3
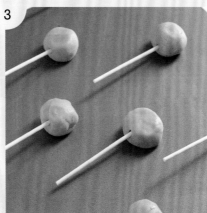

3
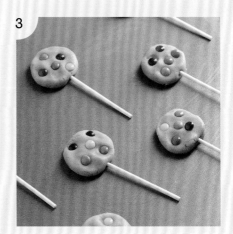

VARIACIÓN
Para preparar galletas de dos chocolates, sustituya 3 cucharadas de la harina por cacao en polvo y adorne las galletas con pepitas de chocolate con leche o blanco.

Postres

Tarta de queso con arándanos

 RACIONES 10  PREPARACIÓN: 1 hora, más refrigeración   TIEMPO DE COCCIÓN: 30 minutos

información nutricional por ración	550 kcal, 42 g grasas, 24 g grasas sat., 26 g azúcares, 0,8 g sal

Esta tarta de queso de textura exquisitamente suave se presenta cubierta de jugosos arándanos en almíbar.

INGREDIENTES

aceite de girasol, para untar

85 g/6 cucharadas de mantequilla con sal

200 g/1¾ tazas de galletas integrales machacadas

400 g/1¾ tazas de queso cremoso

2 huevos grandes

140 g/⅔ de taza de azúcar

1½ cucharaditas de esencia de vainilla

450 ml/2 tazas de nata (crema) agria

cobertura

55 g/¼ de taza de azúcar

4 cucharadas de agua

250 g/1¾ tazas de arándanos

1 cucharadita de arruruz

1. Precaliente el horno a 190 °C (375 °F). Unte con aceite un molde redondo desmontable de 20 cm (8 in) de diámetro.

2. Derrita la mantequilla en un cazo a fuego lento. Agregue la galleta desmenuzada, haga una pasta y presiónela contra la base del molde.

3. Ponga en el robot de cocina el queso, los huevos, ½ taza del azúcar y ½ cucharadita de la vainilla. Bátalo hasta obtener una crema homogénea. Viértala sobre la base de galleta y alísela con una espátula. Coloque el molde en la bandeja del horno y cueza la tarta en el horno precalentado 20 minutos, o hasta que cuaje el relleno. Sáquela y déjela enfriar 20 minutos. No apague el horno.

4. Mezcle en un bol la nata con el resto del azúcar y de la vainilla. Extiéndala a cucharadas por encima de la tarta. Devuélvala 10 minutos más al horno, déjela enfriar, envuélvala en film transparente y déjela en la nevera 8 horas, o toda la noche.

5. Para preparar la cobertura, caliente en un cazo a fuego lento el azúcar con 2 cucharadas del agua, y remueva hasta que se disuelva. Suba el fuego, eche los arándanos, tápelos y cuézalos unos minutos, hasta que empiecen a ablandarse. Apártelo del fuego. Diluya en un bol el arruruz con el resto del agua, agréguelo a los arándanos y mezcle bien. Vuelva a ponerlo a fuego lento. Caliéntelo hasta que la salsa se espese y esté translúcida. Déjela enfriar. Desmolde la tarta 1 hora antes de servirla. Rocíela con la salsa de arándanos y déjela en la nevera hasta que vaya a llevarla a la mesa.

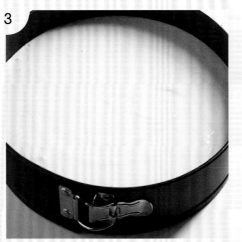

Tarta de queso al caramelo con pacanas

 RACIONES 12  PREPARACIÓN: 40 minutos, más refrigeración TIEMPO DE COCCIÓN: 45-50 minutos

información nutricional por ración	515 kcal, 42 g grasas, 23 g grasas sat., 17 g azúcares, 0,87 g sal

Una tarta de queso sabrosa e irresistible, ideal para una ocasión especial.

INGREDIENTES

225 g/2 tazas de galletas integrales desmenuzadas

25 g/3 cucharadas de pacanas (nueces pecán) bien picadas

85 g/6 cucharadas de mantequilla con sal derretida, y un poco más para untar

550 g/2½ tazas de queso cremoso

25 g/2 cucharadas de azúcar moreno

100 g/½ taza de azúcar

3 huevos grandes, batidos

1 cucharadita de esencia de vainilla

300 ml/1¼ tazas de nata (crema) agria

2 cucharadas de maicena

cobertura

4 cucharadas de dulce de leche

25 g/¼ de taza de pacanas (nueces pecán) picadas

1. Precaliente el horno a 160 °C (325 °F). Unte con un poco de mantequilla un molde redondo desmontable de 23 cm (9 in) de diámetro.

2. Ponga la galleta desmenuzada y las pacanas picadas en un bol y mézclelo bien con la mantequilla. Presione la pasta contra la base del molde. Deje en la nevera la base de galleta mientras prepara el relleno.

3. Bata el queso con los dos azúcares en un bol grande hasta obtener una crema. Sin dejar de batir, añada el huevo poco a poco y la vainilla. Por último, incorpore la nata y la maicena. Vierta el relleno sobre la base de galleta.

4. Coloque el molde en la bandeja del horno y cueza la tarta en el horno precalentado de 45 a 50 minutos, o hasta que empiece a cuajar el relleno (por el centro debe ondularse un poco al sacudirla). Apague el horno, abra la puerta y deje enfriar la tarta en el interior. Después, déjela en la nevera 3 o 4 horas, o toda la noche.

5. Abra el molde y pase la tarta a una fuente de servicio. Para hacer la cobertura, extienda con cuidado el dulce de leche sobre la tarta y esparza las pacanas picadas por encima.

2

3

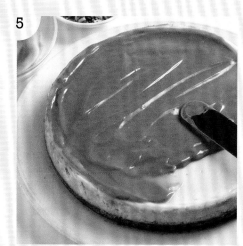

5

Tarta de queso de Nueva York

 RACIONES 10 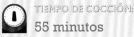 PREPARACIÓN: 40 minutos, más refrigeración · TIEMPO DE COCCIÓN: 55 minutos

información nutricional **por ración** · 845 kcal, 73 g grasas, 44 g grasas sat., 29 g azúcares, 1,1 g sal

La tarta de queso tradicional de la Gran Manzana está hecha con una dulce base de galleta y un sabroso relleno al aroma de vainilla y cítricos.

INGREDIENTES

100 g/1 barra de mantequilla con sal, y un poco más para untar

150 g/1¼ tazas de galletas integrales machacadas

1 cucharada de azúcar

900 g/4 tazas de queso cremoso

250 g/1¼ tazas de azúcar

2 cucharadas de harina

1 cucharadita de esencia de vainilla

la ralladura fina de 1 naranja

la ralladura fina de 1 limón

3 huevos

2 yemas de huevo

300 ml/1¼ tazas de nata (crema) extragrasa

1. Precaliente el horno a 180 °C (350 °F). Derrita la mantequilla en un cazo. Apártelo del fuego e incorpore la galleta y el azúcar. Presione la pasta contra la base de un molde redondo desmontable de 23 cm (9 in) de diámetro. Cuézala 10 minutos en el horno. Sáquela del horno y, sin sacarla del molde, déjela enfriar en una rejilla metálica.

2. Suba la temperatura del horno a 200 °C (400 °F). Con las varillas eléctricas, bata el queso hasta que esté muy cremoso y, después, incorpore el azúcar y la harina de forma gradual hasta obtener una crema homogénea. Aumente la potencia y añada la vainilla y la ralladura de cítricos, y, a continuación, los huevos y las yemas, de uno en uno. Por último, incorpore la nata. Recoja la crema acumulada en las paredes del cuenco y las varillas. El relleno debe quedar ligero y esponjoso; si fuera necesario, bátalo a más velocidad.

3. Unte con mantequilla las paredes del molde y vierta el relleno sobre la base de galleta. Alísela y cueza la tarta en el horno 15 minutos. Baje la temperatura a 110 °C (225 °F) y cuézala otros 30 minutos. Apague el horno y deje la tarta dentro 2 horas, hasta que se enfríe y cuaje. Después, déjela en la nevera hasta que vaya a servirla.

4. Deslice un cuchillo por el borde de la tarta, abra el molde y desmóldela para servirla.

Suflés de capuchino

RACIONES 6

PREPARACIÓN:
20 minutos

TIEMPO DE COCCIÓN:
15 minutos

información nutricional por ración	282 kcal, 18 g grasas, 10 g grasas sat., 22 g azúcares, 0,2 g sal

Con estos suflés individuales de chocolate y café pasará poco tiempo en la cocina y obtendrá resultados espectaculares.

INGREDIENTES

6 cucharadas de nata (crema) extragrasa para montar

2 cucharaditas de café soluble

2 cucharadas de Kahlúa

mantequilla, para untar

3 huevos grandes, yemas y claras separadas, y 1 clara más

2 cucharadas de azúcar, y un poco más para espolvorear

150 g/5 oz de chocolate negro, derretido y enfriado

cacao en polvo, para espolvorear

1. Caliente la nata a fuego lento en un cazo de base gruesa. Eche el café soluble, remueva hasta que se disuelva y añada el Kahlúa. Repártalo entre 6 terrinas refractarias individuales de ¾ de taza de capacidad untadas con mantequilla y rebozadas por dentro con azúcar. Precaliente el horno a 190 °C (375 °F).

2. En un bol bien limpio, monte las claras a punto de nieve. Sin dejar de batir, añada poco a poco el azúcar, hasta obtener un merengue espeso, pero no seco. En otro bol, bata las yemas con el chocolate derretido y, después, incorpore parte del merengue. Poco a poco, vaya añadiendo el resto.

3. Reparta la crema entre las terrinas. Póngalas en la bandeja del horno y cueza los suflés en el horno precalentado 15 minutos, o hasta que empiecen a cuajar. Espolvoréelos con cacao tamizado y sírvalos enseguida.

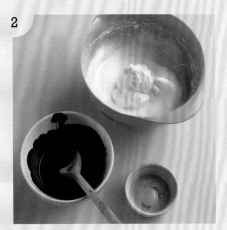

SUGERENCIA
Para que suban
los suflés, com-
pruebe que el
horno esté preca-
lentado a la tem-
peratura correcta.

Pastelitos de café y nueces

 RACIONES 6   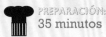 PREPARACIÓN: 35 minutos   TIEMPO DE COCCIÓN: 30-40 minutos

información nutricional por ración	410 kcal, 27 g grasas, 11 g grasas sat., 18 g azúcares, 0,6 g sal

Unos pastelitos ligeros y esponjosos, perfectos con su dulce salsa de mantequilla con nueces por encima.

INGREDIENTES

1 cucharada de café instantáneo

150 g/1¼ tazas de harina

1¾ cucharaditas de levadura en polvo

1 cucharadita de canela molida

55 g/4 cucharadas de mantequilla con sal ablandada, y un poco más para untar

55 g/¼ de taza de azúcar moreno

2 huevos grandes, batidos

55 g/½ taza de nueces picadas

salsa de mantequilla

25 g/¼ de taza de nueces troceadas

4 cucharadas de mantequilla con sal

55 g/¼ de taza de azúcar moreno

1. Disuelva el café en 2 cucharadas de agua hirviendo y resérvelo. Tamice la harina, la levadura y la canela en un bol. En otro, bata la mantequilla con el azúcar hasta obtener una crema. Batiendo, incorpore el huevo poco a poco. Si la crema empezara a cortarse, añada un poco de la harina. Incorpore la mitad de esta, el café y las nueces, y luego el resto de la harina. Precaliente el horno a 190 °C (375 °F).

2. Reparta la pasta entre 6 flaneras individuales engrasadas. Tápelas con papel de aluminio engrasado y sujételo con una goma elástica. Coloque las flaneras en una fuente con agua hirviendo de modo que les llegue a media altura. Tape la fuente con papel de aluminio y dóblelo por debajo del borde.

3. Cueza los pastelitos en el horno precalentado de 30 a 40 minutos, hasta que suban y se noten consistentes. Mientras tanto, prepare la salsa. Ponga todos los ingredientes en un cazo y, a fuego lento y removiendo, espere a que el azúcar se disuelva y todo esté bien mezclado. Lleve la salsa a ebullición y apártela del fuego. Desmolde los pastelitos en platos de postre, nápelos con la salsa caliente y sírvalos.

1

2

3

CONGELACIÓN

Se conservan dos meses en el congelador. Descongélelos 3 o 4 horas a temperatura ambiente y, después, caliéntelos.

Plátano con nata y galletas

 RACIONES 4

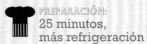 PREPARACIÓN:
25 minutos,
más refrigeración

 TIEMPO DE COCCIÓN:
4-5 minutos

información nutricional por ración | 852 kcal, 71 g grasas, 44 g grasas sat., 39 g azúcares, 0,4 g sal

Las ligeras galletas de mantequilla, la nata aromatizada con vainilla y el plátano conforman un delicioso postre por capas.

INGREDIENTES

40 g/3 cucharadas de mantequilla
con sal ablandada, y un poco
más para untar

40 g/3 cucharadas de azúcar

1 clara de huevo, medio batida

40 g/¹⁄₃ de taza de harina

¹⁄₂ cucharadita de levadura
en polvo

450 ml/2 tazas de nata (crema)
extragrasa

1 cucharadita de esencia
de vainilla

150 ml/²⁄₃ de natillas

2 plátanos (bananas)

2 cucharaditas de zumo (jugo)
de limón

2 cucharadas de azúcar demerara
u otro azúcar sin refinar

1. Precaliente el horno a 220 °C (425 °F) y unte con mantequilla dos bandejas grandes.

2. Bata la mantequilla con el azúcar en un bol hasta obtener una crema blanquecina. Sin dejar de batir, añada la clara poco a poco. Tamice la harina y la levadura por encima. Deposite en las bandejas unas 30 cucharaditas de la pasta, bien espaciadas.

3. Cueza las galletas en el horno precalentado 4 o 5 minutos, o hasta que se doren por los bordes. Sepárelas de las bandejas con una espátula y déjelas enfriar del todo en una rejilla metálica. Monte la nata con la vainilla en un bol. Incorpore las natillas. Corte los plátanos en rodajas finas y mójelas bien con el zumo de limón.

4. Para montar el plato, forme en 4 vasos anchos capas alternas de galletas, nata y plátano. Triture el resto de las galletas, mézclelas con el azúcar demerara y espárzalas por encima. Déjelo en la nevera 1 hora antes de servirlo.

2

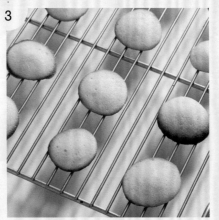

3

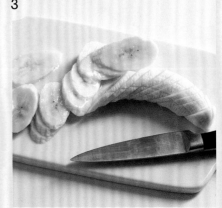

3

ANTICÍPESE

Prepare las galletas 2 o 3 días antes y guárdelas en un recipiente hermético separadas con papel vegetal.

Helado con merengue

 RACIONES 4

 PREPARACIÓN:
20 minutos,
más congelación

 TIEMPO DE COCCIÓN:
5 minutos

información nutricional
por ración | 634 kcal, 23 g grasas, 7 g grasas sat., 82 g azúcares, 0,7 g sal

*Un postre caliente espectacular que puede prepararse
con antelación y solo precisa unos minutos de cocción.*

INGREDIENTES

4 cucharadas de pasas

3 cucharadas de ron oscuro
o vino de jengibre

4 porciones cuadradas de pan
de jengibre

4 bolas de helado de vainilla
o de ron con pasas

3 claras de huevo

175 g/1 taza de azúcar

1. Precaliente el horno a 230 °C (450 °F). Mezcle las pasas con el ron en un cuenco.

2. Coloque las porciones de pan de jengibre en la bandeja del horno, bien separadas, y ponga 1 cucharada de pasas al ron en cada una.

3. Ponga 1 bola de helado en cada porción y congélelo.

4. Mientras tanto, monte las claras a punto de nieve en un bol bien limpio. Sin dejar de batir, vaya incorporando el azúcar a cucharadas hasta obtener un merengue duro.

5. Saque la bandeja del congelador y reparta el merengue por encima del helado. Extiéndalo de manera que lo recubra bien.

6. Cueza el merengue en el horno precalentado unos 5 minutos, o hasta que empiece a dorarse. Sírvalo enseguida.

SUGERENCIA
Un helado de
buena calidad no
se derretirá dema-
siado deprisa.

Ciruelas al oporto

 RACIONES 4    PREPARACIÓN: 25 minutos   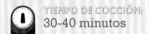 TIEMPO DE COCCIÓN: 30-40 minutos

información nutricional por ración | 161 kcal, 0 g grasas, 0 g grasas sat., 26 g azúcares, trazas de sal

Jugosas ciruelas asadas en un jarabe de oporto dulce y especiado: un postre sencillo pero delicioso.

INGREDIENTES

8 ciruelas grandes

1 rama de canela

2 tiras de piel (cáscara) de naranja

25 g/2 cucharadas de azúcar moreno

2 cucharadas de miel

200 ml/1 taza de oporto

nata (crema) fresca espesa o yogur griego, para servir (opcional)

1. Precaliente el horno a 180 °C (350 °F). Parta las ciruelas por la mitad y retíreles el hueso.

2. Ponga las medias ciruelas en una fuente refractaria pequeña, con la parte cortada hacia arriba y con la rama de canela y la piel de naranja. Esparza el azúcar por encima. Mezcle la miel con el oporto y viértalo alrededor de las ciruelas.

3. Ase las ciruelas en el horno precalentado de 30 a 40 minutos, o hasta que estén tiernas. Déjelas enfriar 5 minutos y cuele el líquido en un cazo.

4. Lleve el líquido de las ciruelas a ebullición y cuézalo a fuego lento de 5 a 10 minutos, o hasta que adquiera una consistencia almibarada y se reduzca a una tercera parte. Rocíe las ciruelas con el jarabe. Sírvalas templadas o frías, si lo desea con nata montada.

1

2

2

Manzana y moras con cobertura crujiente

 RACIONES 4    PREPARACIÓN: 30 minutos    TIEMPO DE COCCIÓN: 40-45 minutos

información nutricional por ración	554 kcal, 25 g grasas, 16 g grasas sat., 49 g azúcares, 0,2 g sal

Manzana ácida y moras con una cobertura azucarada: la receta ideal para entrar en calor en invierno.

INGREDIENTES

900 g/2 libras de manzanas para asar

2 tazas de moras, frescas o congeladas

55 g/¼ de taza de azúcar moreno

1 cucharadita de canela molida

helado o nata (crema) montada

cobertura crujiente

85 g/⅔ de taza de harina

1 cucharadita de levadura en polvo

85 g/⅔ de taza de harina integral

115 g/1 barra de mantequilla sin sal en dados

55 g/¼ de taza de azúcar demerara u otro azúcar sin refinar

1. Precaliente el horno a 200 °C (400 °F). Pele las manzanas, retíreles el corazón y trocéelas. En un bol, mézclelas con las moras, el azúcar moreno y la canela. Páselo a una fuente de 900 ml (1 cuarto de galón) de capacidad.

2. Para preparar la cobertura crujiente, tamice la harina y la levadura en un bol e incorpore la harina integral. Con la punta de los dedos, trabájelo con la mantequilla hasta obtener una textura parecida a la del pan rallado. Añada el azúcar demerara.

3. Esparza la cobertura por encima de la fruta y cueza el postre en el horno de 40 a 45 minutos, o hasta que la manzana esté tierna y la cobertura, dorada y crujiente. Si lo desea, sírvalo con helado o nata montada.

1

2

3

ANTICÍPESE
Prepare el doble
de cobertura cru-
jiente y congele
una parte para
otro día.

Melocotón con cobertura

información nutricional
por ración   390 kcal, 14 g grasas, 8 g grasas sat., 38 g azúcares, 0,9 g sal

El melocotón se cubre de pasta de bizcocho y se cuece en el horno hasta que el postre queda crujiente y dorado.

INGREDIENTES

6 melocotones (duraznos), pelados
y troceados

4 cucharadas de azúcar y ¹/₂ de
zumo (jugo) de limón

1¹/₂ cucharaditas de maicena

¹/₂ cucharadita de esencia de
almendra o de vainilla

helado, para servir

cobertura
185 g/1¹/₂ tazas de harina

115 g/¹/₂ taza de azúcar

1¹/₂ cucharaditas de levadura
en polvo

¹/₂ cucharadita de sal

185 g/6 cucharadas de mantequilla

1 huevo

6 cucharadas de leche

1. Precaliente el horno a 220 °C (425 °F). Ponga el melocotón en una fuente refractaria cuadrada de 23 cm (9 in) de lado. Añada el azúcar, el zumo de limón, la maicena y la esencia de almendra o vainilla, y remuévalo todo bien. Cuézalo en el horno precalentado 20 minutos.

2. Mientras tanto, para preparar la cobertura, tamice en un bol la harina, todo el azúcar menos 2 cucharadas, la levadura y la sal. Con la punta de los dedos, trabájelo con la mantequilla hasta obtener una textura parecida a la del pan rallado. En un bol, mezcle el huevo con ¹/₃ de taza de la leche y, con un tenedor, incorpórelo a los ingredientes secos para obtener una masa suave y pegajosa. Si le pareciera demasiado seca, añada las cucharadas de leche reservadas.

3. Baje la temperatura del horno a 200 °C (400 °F). Saque el melocotón del horno y eche la pasta por encima a cucharadas, sin alisarla. Esparza el resto del azúcar y cuézalo en el horno 15 minutos más, o hasta que la cobertura esté dorada y consistente. Tenga en cuenta que se expandirá durante la cocción. Sírvalo caliente o a temperatura ambiente, con helado.

1

2

3

VARIACIÓN Sustituya los melocotones por albaricoques o ciruelas en mitades.

Tartaletas de chocolate y dulce de leche

 RACIONES 6

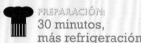 PREPARACIÓN: 30 minutos, más refrigeración

 TIEMPO DE COCCIÓN: 20-25 minutos

información nutricional **por ración** · 707 kcal, 52 g grasas, 29 g grasas sat., 30 g azúcares, 0,6 g sal

Crujientes y mantecosas bases de hojaldre con un relleno cremoso de chocolate y caramelo.

INGREDIENTES

375 g/1¹/₂ láminas de hojaldre comprado

140 g/5 oz de chocolate negro troceado

300 ml/1¹/₄ tazas de nata (crema) extragrasa

50 g/¹/₄ de taza de azúcar

4 yemas de huevo

4 cucharadas de dulce de leche

nata (crema) montada, para servir

cacao en polvo, para espolvorear

1. Forre con redondeles de papel vegetal la base de los huecos de un molde múltiple para 12 magdalenas. Saque del margen de la lámina de hojaldre 12 círculos de 5 cm (2 in) de diámetro, y corte el resto en 12 tiras. Extienda las tiras con el rodillo para reducir su grosor a la mitad y forre con ellas las paredes de los huecos del molde. Ponga un redondel de hojaldre en la base, selle la masa y dele forma de tartaleta. Pínchela con un tenedor y deje el molde en la nevera 30 minutos.

2. Precaliente el horno a 200 °C (400 °F). Derrita el chocolate en un bol refractario encajado en la boca de un cazo con agua hirviendo, sin que llegue a tocarla. Déjelo enfriar e incorpore la nata.

3. Bata en un bol el azúcar con las yemas de huevo, e incorpórelas al chocolate derretido. Disponga 1 cucharadita de dulce de leche en cada tartaleta y termine de rellenarlas con la crema de chocolate. Cueza las tartaletas en el horno precalentado de 20 a 25 minutos, dándole la vuelta al molde a media cocción, hasta que el relleno empiece a cuajar. Déjelas enfriar y, después, desmóldelas con cuidado y sírvalas con nata montada espolvoreada con cacao.

1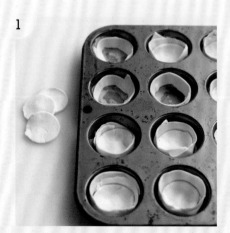

2

3

SUGERENCIA
Coloque el molde en la bandeja del horno precalentada para que la pasta se cueza mejor.

Brownies con nata

 RACIONES 6 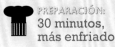 PREPARACIÓN: 30 minutos, más enfriado 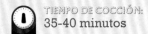 TIEMPO DE COCCIÓN: 35-40 minutos

información nutricional por ración	870 kcal, 55 g grasas, 32 g grasas sat., 72 g azúcares, 0,9 g sal

Un postre magnífico para una fiesta o una barbacoa multitudinarias: solo tiene que cortar los brownies y dejar que los comensales se sirvan al gusto el helado, la salsa de chocolate, las pacanas y las cerezas.

INGREDIENTES

175 g/6 oz de chocolate negro troceado

175 g/1½ barras de mantequilla con sal, y para untar

175 g/³⁄₄ de taza de azúcar moreno

3 huevos, batidos

115 g/1 taza de harina

1½ cucharaditas de levadura en polvo

salsa de chocolate

55 g/2 oz de chocolate negro troceado

55 g/¼ de taza de azúcar moreno

55 g/4 cucharadas de mantequilla sin sal

3 cucharadas de leche

para servir

6 bolas de helado de vainilla grandes

1 cucharada de pacanas (nueces pecán) picadas

6 cerezas frescas o al marrasquino

1. Precaliente el horno a 180 °C (350 °F). Unte con mantequilla un molde cuadrado de 20 cm (8 in) de lado y fórrelo con papel vegetal.

2. Para preparar los brownies, derrita el chocolate con la mantequilla en un bol refractario grande encajado en la boca de un cazo con agua hirviendo, sin que llegue a tocarla. Deje que se enfríe 5 minutos e incorpore el azúcar y el huevo. Tamice la harina y la levadura por encima. Vierta la pasta en el molde y cueza el pastel en el horno de 35 a 40 minutos, o hasta que haya subido y se note consistente al tacto. Déjelo reposar 15 minutos y, después, desmóldelo en una rejilla metálica para que se enfríe del todo.

3. Para preparar la salsa, caliente todos los ingredientes en un cazo a fuego lento, sin dejar de remover, hasta que se hayan derretido. Llévelo a ebullición y cuézalo 1 minuto. Apártelo del calor y deje que se enfríe.

4. Para servir, corte el pastel en 6 porciones. Ponga 1 porción en cada plato, con 1 bola de helado encima. Con una cuchara, rocíelo con la salsa caliente, y luego adórnelo con las pacanas y las cerezas.

Arroz con leche tropical

 RACIONES 4  PREPARACIÓN: 10 minutos 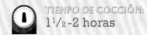 TIEMPO DE COCCIÓN: 1¹/₂-2 horas

información nutricional por ración: 370 kcal, 17 g grasas, 14 g grasas sat., 33 g azúcares, 0,14 g sal

La fruta tropical y la leche de coco transforman de arriba abajo este postre tradicional.

INGREDIENTES

mantequilla, para untar

55 g/¹/₄ de taza de arroz

140 g/1 taza de fruta tropical deshidratada picada, como mango, papaya y piña (ananás)

2 cucharadas de azúcar

300 ml/1¹/₄ tazas de leche de coco

300 ml/1¹/₄ tazas de leche

rodajas de mango fresco o en conserva, para servir

piel de lima (limón) en juliana, para adornar

1. Precaliente el horno a 150 °C (300 °F). Unte con mantequilla una fuente refractaria baja de 1¹/₂ litros (1¹/₄ cuartos de galón) de capacidad.

2. Ponga en la fuente el arroz, la fruta deshidratada y el azúcar. Vierta por encima la leche normal y la de coco y mezcle bien.

3. Coloque la fuente en la bandeja del horno y cueza el arroz en el horno precalentado de 1¹/₂ a 2 horas, o hasta que esté tierno y haya absorbido prácticamente todo el líquido. Remuévalo dos o tres veces durante la cocción para que no se forme una telilla en la superficie.

4. Sirva el arroz con leche caliente o frío en vasos, con rodajas de mango y piel de lima en juliana.

VARIACIÓN
Cuando saque el arroz
con leche del horno,
mézclelo con las
semillas y la pulpa
de dos maracuyás.

Hojaldres de manzana

 UNIDADES 8  PREPARACIÓN: 40 minutos 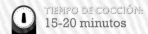 TIEMPO DE COCCIÓN: 15-20 minutos

información nutricional por unidad	326 kcal, 24 g grasas, 14 g grasas sat., 14 g azúcares, 0,3 g sal

Rápidos y fáciles de hacer, estos hojaldres van muy bien para aprovechar una buena cosecha de manzanas.

INGREDIENTES

1 lámina de hojaldre comprado (250 g/9oz), descongelada si fuera necesario

harina, para espolvorear

leche, para glasear

relleno
450 g/1 lb de manzanas para asar, peladas y troceadas

la ralladura de 1 limón (opcional)

1 pizca de clavo molido (opcional)

3 cucharadas de azúcar

azúcar de naranja
1 cucharada de azúcar, para espolvorear

la ralladura fina de 1 naranja

crema de naranja
250 ml/1 taza de nata (crema) extragrasa

la ralladura de 1 naranja y el zumo (jugo) de ½ naranja

azúcar glas (impalpable), al gusto

1. Para preparar el relleno, si lo desea, mezcle la manzana con la ralladura de limón y el clavo, pero no añada aún el azúcar porque la manzana soltaría el jugo. Para preparar el azúcar de naranja, mezcle el azúcar con la ralladura.

2. Precaliente el horno a 220 °C (425 °F). Extienda el hojaldre en la encimera espolvoreada con harina, en un rectángulo de 60 x 30 cm (24 x 12 in). Córtelo por la mitad a lo largo y luego en 4 trozos a lo ancho, para obtener 8 cuadrados de 15 cm (6 in).

3. Añada el azúcar a la manzana. Pinte las porciones de hojaldre con un poco de leche y coloque una pequeña cantidad del relleno en el centro. Doble una de las esquinas hacia arriba en diagonal y júntela con la opuesta para formar un triángulo. Presione los bordes para sellarlos. Coloque el triángulo en la bandeja del horno. Prepare de igual modo los otros hojaldres. Píntelos todos con un poco de leche y espolvoréelos con el azúcar de naranja. Hornéelos de 15 a 20 minutos, o hasta que se doren. Déjelos enfriar en una rejilla metálica.

4. Para preparar la crema de naranja, bata la nata con la ralladura y el zumo de naranja hasta que se espese. Añada azúcar glas al gusto y siga batiendo hasta montar la nata. Sirva los hojaldres templados con la crema de naranja.

Profiteroles con chocolate

 RACIONES 4  PREPARACIÓN: 40 minutos 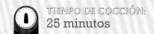 TIEMPO DE COCCIÓN: 25 minutos

información nutricional por ración	948 kcal, 77 g grasas, 46 g grasas sat., 32 g azúcares, 0,2 g sal

Este postre tradicional con relleno de nata a la vainilla y rociado con chocolate caliente siempre resulta espectacular.

INGREDIENTES

pasta
70 g/5 cucharadas de mantequilla sin sal, y un poco más para untar

200 ml/³/₄ de taza y 2 cucharadas de agua

100 g/³/₄ de taza y 1 cucharada de harina

3 huevos, batidos

relleno de nata (crema)
300 ml/1¹/₄ tazas de nata (crema) extragrasa

3 cucharadas de azúcar

1 cucharadita de esencia de vainilla

salsa de chocolate y brandy
125 g/4¹/₂ oz de chocolate negro, en trocitos

35 g/2 cucharadas de mantequilla sin sal

6 cucharadas de agua

2 cucharadas de brandy

1. Precaliente el horno a 200 °C (400 °F) y unte con mantequilla varias bandejas.

2. Para preparar la pasta, lleve a ebullición en un cazo el agua con la mantequilla. Mientras tanto, tamice la harina en un bol. Apague el fuego y eche la harina en el cazo. Remueva hasta obtener una pasta homogénea. Déjela enfriar 5 minutos. Vaya incorporando huevo batido, solo hasta que la pasta quede suave y fluida.

3. Introduzca la pasta en una manga pastelera con boquilla lisa de 1 cm (¹/₂ in). Deposite bolitas de pasta en la bandeja. Cueza los profiteroles en el horno precalentado 25 minutos. Luego, sáquelos del horno y pínchelos con un palillo para que salga el vapor.

4. Para preparar el relleno, monte la nata con el azúcar y la vainilla. Abra los profiteroles por la mitad y rellénelos con la nata.

5. Para preparar la salsa, derrita en un cazo a fuego lento el chocolate con la mantequilla y el agua, sin dejar de remover, hasta que quede homogéneo. Vierta el brandy.

6. Reparta los profiteroles en vasos, rocíelos con la salsa de chocolate y sírvalos.

Manzanas asadas

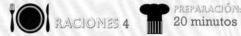 RACIONES 4    PREPARACIÓN: 20 minutos   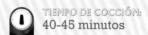 TIEMPO DE COCCIÓN: 40-45 minutos

información nutricional por ración	230 kcal, 3 g grasas, 0,5 g grasas sat., 34 g azúcares, trazas de sal

Con su relleno de fruta y su glaseado de vino tinto, estas manzanas asadas son toda una exquisitez.

INGREDIENTES

4 manzanas para asar

1 cucharada de zumo (jugo) de limón

50 g/¹⁄₃ de taza de arándanos

50 g/¹⁄₃ de taza de pasas

25 g/¹⁄₄ de taza de frutos secos variados, tostados y picados

¹⁄₂ cucharadita de canela molida

2 cucharadas de azúcar moreno

275 ml/1 taza de vino tinto

2 cucharaditas de maicena

4 cucharaditas de agua

nata (crema) extragrasa, para servir (opcional)

1. Precaliente el horno a 200 °C (400 °F). Con un cuchillo afilado, corte alrededor del centro de cada manzana. Retíreles el corazón y pínteles el hueco con el zumo de limón para que no se oxiden. Páselas a una fuente refractaria pequeña.

2. Ponga los arándanos y las pasas en un bol, y añada los frutos secos, la canela y el azúcar. Mézclelo bien. Rellene las manzanas con la fruta y riéguelas con el vino.

3. Ase las manzanas rellenas en el horno precalentado de 40 a 45 minutos, o hasta que estén tiernas. Sáquelas del horno, retírelas de la fuente y resérvelas templadas.

4. Disuelva la maicena en el agua y viértalo en la fuente, con el jugo de las manzanas. Cueza la salsa a fuego medio en el fogón, removiendo, hasta que se espese. Apártela del fuego y viértala por encima de las manzanas. Sírvalas calientes, si lo desea con nata extragrasa.

1

2

2

VARIACIÓN
Ase las manza-
nas con vino de
flores de saúco
o zumo de uva
en lugar de vino
tinto.

Tartas y panes

Tarta de manzana

 PORCIONES 6   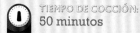 PREPARACIÓN:
40 minutos,
más refrigeración   TIEMPO DE COCCIÓN:
50 minutos

información nutricional por porción	567 kcal, 28 g grasas, 13,5 g grasas sat., 32 g azúcares, 0,5 g sal

*Con una corteza dorada rellena hasta los topes
de manzana, azúcar y un toque de canela:
¡seguro que no ha probado una tarta de manzana igual!*

INGREDIENTES

masa

350 g/2³/₄ tazas de harina,
y un poco más para espolvorear

1 pizca de sal

85 g/6 cucharadas de mantequilla
o margarina con sal, en daditos

85 g/¹/₃ de taza y 1 cucharada
de manteca o margarina vegetal
en dados

6 cucharadas de agua fría

huevo batido o leche,
para glasear

relleno

750 g-1 kg/1³/₄-2¹/₄ libras de
manzanas grandes para asar,
peladas, sin el corazón
y en cuñas

125 g/²/₃ de taza de azúcar,
y para espolvorear

¹/₂ -1 cucharadita de canela,
mezcla de especias para tarta
de manzana o jengibre molido

1. Para preparar la masa, tamice la harina y la sal en un bol. Incorpore la mantequilla y la manteca con la punta de los dedos hasta obtener una textura parecida a la del pan rallado. Añada el agua y trabaje los ingredientes para compactar la masa. Envuélvala en film transparente y déjela en la nevera 30 minutos.

2. Precaliente el horno a 220 °C (425 °F). Espolvoree la encimera con un poco de harina y extienda al menos dos tercios de la masa en una lámina fina. Forre con ella una fuente honda para tarta de 23 cm (9 in) de diámetro.

3. Para preparar el relleno, ponga la manzana, el azúcar y las especias en un bol y mezcle bien. Rellene la base de la tarta con la manzana; el relleno puede quedar a ras del borde. Si fuera necesario, sobre todo si las manzanas fueran poco jugosas, añada 1 o 2 cucharadas de agua.

4. Vuelva a espolvorear la encimera con un poco de harina y extienda el resto de la masa en un redondel para cubrir el relleno. Humedezca los bordes de la masa de la base con agua y extienda por encima el otro redondel, presionando bien los bordes. Recorte la masa que sobre y pellizce el borde para sellar la tarta. Con los retales de pasta, haga unas hojas u otros adornos. Humedézcalos y péguelos. Glasee la tarta con huevo batido, hágale un par de incisiones en la parte superior y pásela a la bandeja del horno.

5. Cueza la tarta en el horno precalentado 20 minutos, baje la temperatura a 180 °C (350 °F) y cuézala otros 30 minutos, o hasta que empiece a dorarse. Sírvala caliente o fría, espolvoreada con azúcar.

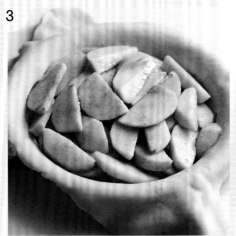

Tartaletas de chocolate

 UNIDADES 8 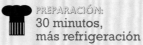 PREPARACIÓN: 30 minutos, más refrigeración 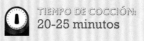 TIEMPO DE COCCIÓN: 20-25 minutos

información nutricional por unidad	711 kcal, 54 g grasas, 33 g grasas sat., 30 g azúcares, 0,5 g sal

Con una base dulce y crujiente y un relleno irresistiblemente suave y cremoso, estas tartaletas son el postre perfecto para una cena especial entre amigos.

INGREDIENTES

masa

225 g/1³/₄ tazas de harina, y un poco más para espolvorear

115 g/1 barra de mantequilla con sal, en dados

2 cucharadas de azúcar glas (impalpable)

1 yema de huevo

2-3 cucharadas de agua fría

relleno

250 g/9 oz de chocolate negro troceado, y un poco más para adornar

115 g/1 barra de mantequilla con sal

50 g/¹/₃ de taza de azúcar glas (impalpable)

300 ml/1¹/₄ tazas de nata (crema) extragrasa

1. Para preparar la masa, tamice la harina en un bol. Mezcle con ella la mantequilla, trabajando con la punta de los dedos, hasta obtener una textura parecida a la del pan rallado. Agregue el azúcar, la yema de huevo y el agua justa para ligar la masa. Envuélvala en film transparente y déjela en la nevera 15 minutos. Espolvoree la encimera con un poco de harina, extienda la masa, recórtela y forre con ella ocho moldes para tartaleta de 10 cm (4 in) de diámetro. Déjelos en la nevera 30 minutos.

2. Precaliente el horno a 200 °C (400 °F). Pinche varias veces la base de las tartaletas con un tenedor y fórrelas con papel de aluminio arrugado. Cuézalas en el horno precalentado 10 minutos, destápelas y cuézalas de 5 a 10 minutos más, hasta que estén crujientes. Déjelas enfriar en una rejilla metálica. Baje la temperatura del horno a 160 °C (325 °F).

3. Para preparar el relleno, ponga el chocolate, la mantequilla y el azúcar glas en un bol refractario encajado en la boca de un cazo con agua hirviendo, sin que llegue a tocarla, y remueva hasta que se derritan. Apártelo del calor e incorpore 1 taza de la nata. Desmolde las bases de las tartaletas y póngalas en la bandeja del horno. Rellénelas con la crema de chocolate. Cuézalas 5 minutos en el horno. Déjelas enfriar y luego guárdelas en la nevera hasta el momento de llevarlas a la mesa. Para servirlas, monte el resto de la nata y repártala entre las tartaletas con una cuchara o con la manga pastelera. Ralle el resto del chocolate y espárzalo por encima.

Tarta de plátano
con crema pastelera

 PORCIONES 10  PREPARACIÓN: 30 minutos, más refrigeración   TIEMPO DE COCCIÓN: 20-25 minutos

información nutricional por porción	562 kcal, 33 g grasas, 16,5 g grasas sat., 25 g azúcares, 0,5 g sal

Rodajas de plátano sobre una base crujiente y cubiertas de crema pastelera y abundante nata: ¡este postre no tiene rival!

INGREDIENTES

harina, para espolvorear

1 lámina de masa quebrada comprada (350 g/12 oz), descongelada si fuera necesario

las yemas de 4 huevos grandes

85 g/½ taza de azúcar

4 cucharadas de maicena

1 pizca de sal

450 ml/2 tazas de leche

1 cucharadita de esencia de vainilla

3 plátanos (bananas)

½ cucharada de zumo (jugo) de limón

350 g/1½ tazas de nata (crema) extragrasa, montada con 3 cucharadas de azúcar glas (impalpable), para adornar

1. Precaliente el horno a 200 °C (400 °F). Espolvoree la encimera con un poco de harina y extienda la masa en un redondel de 30 cm (12 in) de diámetro. Forre con ella un molde para tarta de 23 cm (9 in) de diámetro, recorte la que sobre y pinche toda la base con un tenedor. Cúbrala con papel vegetal y esparza unas bolitas de cerámica para repostería o unas legumbres secas por encima.

2. Cueza la base de la tarta en el horno precalentado 15 minutos, o hasta que empiece a tomar color. Retire el papel y los pesos, y vuelva a pincharla. Hornéela de 5 a 10 minutos más, o hasta que se dore y esté seca. Sin sacarla del molde, déjela enfriar del todo en una rejilla metálica.

3. Mientras tanto, bata en un bol las yemas con el azúcar, la maicena y la sal hasta obtener una crema homogénea de un tono pálido. Incorpore la leche y la vainilla.

4. Vierta la crema en un cazo de base gruesa y caliéntela a fuego medio-fuerte, sin dejar de remover; déjela hervir hasta que esté homogénea y se espese. Baje el fuego y siga removiendo 2 minutos más. Cuele la crema en un bol y deje que se enfríe.

5. Corte los plátanos en rodajas, póngalas en un bol, riéguelas con el zumo de limón y remueva bien. Dispóngalas en la base de la tarta, vierta la crema pastelera por encima y refrigere la tarta al menos 2 horas. Adórnela con la nata montada y sírvala enseguida.

Tarta de limón con merengue

 PORCIONES 8 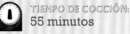 PREPARACIÓN:
40 minutos,
más refrigeración

TIEMPO DE COCCIÓN:
55 minutos

información nutricional por porción	300 kcal, 12 g grasas, 6,5 g grasas sat., 27 g azúcares, 0,25 g sal

*Lo mejor de esta tarta tradicional es que la base
y el merengue complementan a la perfección el relleno
de limón, exquisitamente ácido.*

INGREDIENTES

masa
150 g/1 taza y 2 cucharadas de harina, y un poco más para espolvorear

85 g/6 cucharadas de mantequilla con sal, en dados, y un poco más para untar

35 g/¼ de taza de azúcar glas (impalpable) tamizado

la ralladura fina de ½ limón

½ yema de huevo, batida

1½ cucharadas de leche

relleno
3 cucharadas de maicena

300 ml/1¼ tazas de agua

el zumo (jugo) y la ralladura de 2 limones

175 g/1 taza de azúcar

2 huevos, con las yemas y las claras separadas

1. Para preparar la masa, tamice la harina en un bol. Incorpore la mantequilla con la punta de los dedos hasta obtener una textura parecida a la del pan rallado. Añada el resto de los ingredientes de la masa. Vuélquela en la encimera espolvoreada con harina y trabájela un poco. Envuélvala en film transparente y déjela en la nevera 30 minutos.

2. Precaliente el horno a 180 °C (350 °F). Unte con mantequilla un molde para tarta de 20 cm (8 in) de diámetro. En la encimera espolvoreada con un poco de harina, extienda la masa en una lámina de 5 mm (¼ de in); forre con ella la base y las paredes del molde. Pinche la base con un tenedor, fórrela con papel vegetal y esparza unas bolitas de cerámica para repostería o unas legumbres secas por encima. Cueza la base de la tarta en el horno precalentado 15 minutos. Sáquela del horno y retire los pesos y el papel. Baje la temperatura a 150 °C (300 °F).

3. Para preparar el relleno, disuelva la maicena en un poco de agua. Eche el resto del agua en un cazo. Agregue el zumo y la ralladura de limón, y, después, la maicena diluida. Llévelo a ebullición, removiendo, y hiérvalo 2 minutos. Déjelo enfriar un poco. Incorpore ⅓ de taza del azúcar y las yemas, y vierta el relleno en la base de la tarta.

4. En un bol bien limpio, monte las claras a punto de nieve. Sin dejar de batir, añada el azúcar restante poco a poco. Extienda el merengue sobre la tarta. Cuézala 40 minutos más. Sáquela del horno, déjela enfriar y sírvala.

Tartaletas de frutos rojos

 UNIDADES 24   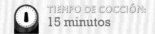 PREPARACIÓN: 30 minutos   TIEMPO DE COCCIÓN: 15 minutos

información nutricional por unidad	104 kcal, 6 g grasas, 2 g grasas sat., 4 g azúcares, 0,2 g sal

Dé la bienvenida al verano con estas llamativas tartaletas de frutos rojos. La tierna fruta contrasta exquisitamente con la base crujiente.

INGREDIENTES

mantequilla, para untar

350 g/3 tazas de frutos rojos variados, como fresas (frutillas), frambuesas y grosellas rojas, sin el rabillo

2 cucharaditas de maicena

3 cucharadas de azúcar, y un poco más para espolvorear

la ralladura de 1/2 limón

1 lámina de masa quebrada comprada (450 g/1 lb), descongelada si fuera necesario

harina, para espolvorear

1 yema de huevo mezclada con 1 cucharada de agua, para glasear

nata (crema) montada, para servir

1. Precaliente el horno a 180 °C (350 °F). Unte con un poco de mantequilla dos moldes múltiples para magdalenas.

2. Trocee las fresas y parta las frambuesas más grandes. Ponga todos los frutos rojos en un bol y mézclelos con la maicena, el azúcar y la ralladura de limón.

3. En la encimera espolvoreada con un poco de harina, extienda la masa en una lámina fina. Con un cortapastas acanalado de 6 cm (2 1/2 in) de diámetro, córtela en 24 redondeles. Ajústelos a los huecos del molde y, si fuera necesario, extienda de nuevo los recortes para obtener más. Reserve parte de la masa para los adornos.

4. Pinte el reborde de la masa con el glaseado de huevo y rellene las tartaletas.

5. Vuelva a espolvorear la encimera con harina y extienda la masa reservada en una lámina fina. Córtela en tiras de 1 cm (1/2 in) de ancho. Disponga 2 tiras sobre cada tartaleta, presionándolas contra el borde. Con un cortapastas pequeño, recorte la masa restante en estrellas y colóquelas sobre las tiras. Pinte los adornos de masa con el glaseado y esparza un poco de azúcar por encima.

6. Cueza las tartaletas en el horno 15 minutos, o hasta que se doren. Déjelas reposar 10 minutos, desmóldelas con un cuchillo de punta redonda y páselas a una rejilla metálica. Sírvalas templadas o frías, con nata montada.

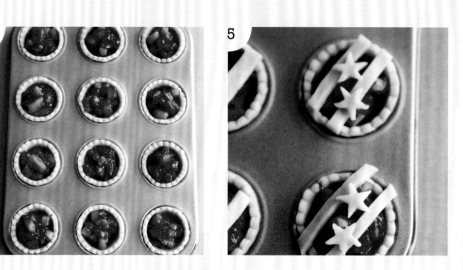

Tarta de lima

 PORCIONES 8 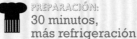 PREPARACIÓN:
30 minutos,
más refrigeración   TIEMPO DE COCCIÓN:
20 minutos

información nutricional
por porción | 377 kcal, 19 g grasas, 10 g grasas sat., 33 g azúcares, 0,7 g sal

*Esta tarta, dulce y refrescante, es originaria de
los cayos de Florida, donde se cultivan las limas
que constituyen su ingrediente principal.*

INGREDIENTES

175 g/6 oz de galletas integrales
o de jengibre

2 cucharadas de azúcar

$^1/_2$ cucharadita de canela molida

70 g/5 cucharadas de mantequilla
con sal derretida, y para untar

relleno

400 ml/14 oz de leche
condensada

125 ml/$^1/_2$ taza de zumo (jugo)
de lima (limón) recién
exprimido

la ralladura fina de 3 limas
(limones) y 4 yemas de huevo

nata (crema) montada, para servir

1. Precaliente el horno a 160 °C (325 °F). Unte con mantequilla un molde de 23 cm (9 in) de diámetro y unos 4 cm (1$^1/_2$ in) de hondo. Triture las galletas con el azúcar y la canela en el robot de cocina hasta obtener una consistencia arenosa, no demasiado fina. Añada la mantequilla derretida y triture hasta obtener una pasta.

2. Pase la pasta al molde y presiónela contra la base y las paredes. Ponga el molde en la bandeja del horno y cueza la base de la tarta 5 minutos. Mientras tanto, haga el relleno: mezcle en un bol la leche condensada con el zumo y la ralladura de lima y las yemas de huevo.

3. Saque el molde del horno, vierta el relleno en la base y extiéndalo hacia los bordes. Cueza la tarta en el horno 15 minutos más, o hasta que el relleno cuaje por los bordes pero aún esté gelatinoso por el centro. Déjela enfriar del todo en una rejilla metálica y, después, tápela y déjela en la nevera al menos 2 horas. Extienda una espesa capa de nata montada por encima y sírvala.

1

2

3

VARIACIÓN
En lugar de nata,
recubra la tarta
con merengue
y dórelo unos
segundos en el
horno precalentado.

Tarta de pacanas
con jarabe de arce

 PORCIONES 8   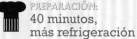 PREPARACIÓN: 40 minutos, más refrigeración    TIEMPO DE COCCIÓN: 1 hora

información nutricional por porción	578 kcal, 39 g grasas, 13 g grasas sat., 32 g azúcares, 0,6 g sal

Esta tarta sabe aún mejor si se sirve templada con una bola de helado de vainilla.

INGREDIENTES

masa
175 g/1⅓ tazas y 1 cucharada de harina, y para espolvorear

85 g/6 cucharadas de mantequilla con sal, en daditos

1 cucharada de azúcar

1 huevo, batido con 1 cucharada de agua fría

relleno
85 g/6 cucharadas de mantequilla con sal

85 g/⅓ de taza de azúcar moreno

150 ml/⅔ de taza de jarabe de arce

5 cucharadas de jarabe de maíz (choclo, elote)

3 huevos grandes, batidos

1 cucharadita de esencia de vainilla

200 g/2 tazas de pacanas (nueces pecán) en mitades

1. Para preparar la masa, tamice la harina en un bol y añada la mantequilla. Con la punta de los dedos, mezcle la harina con la mantequilla hasta obtener una textura parecida a la del pan rallado. Añada el azúcar y la mezcla de huevo y agua, y remueva hasta ligar la masa.

2. Vuelque la masa en la encimera espolvoreada con harina y trabájela un poco, solo hasta que quede suave. Extiéndala con el rodillo y forre con ella un molde desmontable para tarta de 23 cm (9 in) de diámetro. Pinche la base con un tenedor y déjelo en la nevera 30 minutos. Mientras tanto, precaliente el horno a 200 °C (400 °F).

3. Coloque el molde en la bandeja del horno y cubra la base de la tarta con papel vegetal. Esparza por encima unas bolitas de cerámica para repostería o unas legumbres secas. Cuézala en el horno precalentado 10 minutos, retire el papel y los pesos y hornéela otros 5 minutos, o hasta que empiece a dorarse. Baje la temperatura a 180 °C (350 °F).

4. Para preparar el relleno, derrita en un cazo a fuego lento la mantequilla con el azúcar, el jarabe de arce y el jarabe de maíz. Déjelo enfriar 5 minutos y agregue el huevo y la vainilla. Pique la mitad de las pacanas e incorpórelas al relleno.

5. Vierta el relleno en la base de la tarta y esparza el resto de las pacanas por encima. Cueza la tarta en el horno precalentado de 35 a 45 minutos, o hasta que el relleno comience a cuajar. Sirva la tarta templada o fría.

Tarta de plátano al caramelo

 PORCIONES 10 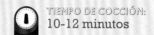 PREPARACIÓN: 2½ horas, más enfriado TIEMPO DE COCCIÓN: 10-12 minutos

información nutricional
por porción — 880 kcal, 54 g grasas, 31 g grasas sat., 78 g azúcares, 0,8 g sal

No hay quien se resista a este postre exquisito hecho con una base crujiente de galleta, un relleno de plátano y salsa de caramelo y una gruesa capa de nata montada.

INGREDIENTES

relleno

3 latas (de 400 g/14 oz) de leche condensada

4 plátanos (bananas) maduros

½ limón

1 cucharadita de esencia de vainilla

85 g/3 oz de chocolate negro, rallado

475 ml/2 tazas de nata (crema) extragrasa, montada

base

85 g/6 cucharadas de mantequilla con sal, derretida, y un poco más para untar

150 g/1¼ tazas de galletas integrales, machacadas

25 g/¼ de taza de almendras tostadas, molidas

25 g/¼ de taza de avellanas tostadas, molidas

1. Ponga en una olla las latas de leche condensada sin abrir y cúbralas con agua. Llévela a ebullición y hierva las latas a fuego lento 2 horas, añadiendo agua de modo que queden siempre cubiertas. Sáquelas de la olla con cuidado y déjelas enfriar.

2. Precaliente el horno a 180 °C (350 °F) y unte con mantequilla un molde para tarta de 23 cm (9 in) de diámetro. Para preparar la base de la tarta, ponga la mantequilla en un bol y añada las galletas desmenuzadas y los frutos secos molidos. Mézclelo bien y presione la pasta contra la base y las paredes del molde. Cueza la base de la tarta en el horno precalentado de 10 a 12 minutos. Déjela enfriar.

3. Pele los plátanos, córtelos en rodajas y póngalos en un bol. Exprima el limón sobre el plátano, añada la vainilla y mezcle. Extienda el plátano sobre la base de tarta y vierta encima el contenido de las latas de leche condensada enfriadas.

4. Esparza dos tercios del chocolate rallado por encima y cúbralo con la nata montada. Adorne la tarta con el chocolate restante y sírvala a temperatura ambiente.

Tarta de chocolate y crema de cacahuete

 PORCIONES 8 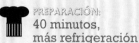 PREPARACIÓN: 40 minutos, más refrigeración  TIEMPO DE COCCIÓN: 10 minutos

información nutricional por porción	724 kcal, 61 g grasas, 35 g grasas sat., 28 g azúcares, 0,7 g sal

Si le pierden la crema de cacahuete y el chocolate, esta irresistible tarta es su postre.

INGREDIENTES

base
225 g/2 tazas de galletas de chocolate desmenuzadas

50 g/2 oz de chocolate negro rallado

70 g/5 cucharadas de mantequilla con sal derretida

relleno
175 g/³/₄ de taza de queso cremoso

145 g/¹/₂ taza de crema de cacahuete (cacahuate, maní)

2 cucharadas de azúcar

200 ml/1 taza de nata (crema) extragrasa

cobertura de chocolate
115 g/4 oz de chocolate negro troceado

1 cucharada de jarabe de maíz (choclo, elote)

25 g/2 cucharadas de mantequilla sin sal

100 ml/¹/₂ taza de nata (crema) extragrasa

cacahuetes (maníes) tostados picados, para adornar

1. Precaliente el horno a 180 °C (350 °F).

2. Ponga las galletas desmenuzadas en un bol, añada el chocolate y la mantequilla, y mezcle bien hasta obtener una pasta. Presiónela contra la base y las paredes de un molde para tarta de 23 cm (9 in) de diámetro. Cueza la base de la tarta en el horno 10 minutos, o hasta que esté hecha, pero sin que se seque. Déjela enfriar.

3. Para preparar el relleno, bata en un bol el queso con la crema de cacahuete hasta que esté homogéneo. Incorpore el azúcar y, después, la nata, sin dejar de batir. Vierta el relleno sobre la base y alíselo con una espátula. Refrigere la tarta 30 minutos.

4. Para preparar la cobertura, derrita el chocolate con el jarabe de maíz y la mantequilla en un bol refractario encajado en la boca de un cazo con agua hirviendo a fuego lento, sin que llegue a tocarla. Apártelo del calor e incorpore la nata. Deje enfriar la cobertura de 10 a 20 minutos, o hasta que se espese, y extiéndala sobre el relleno. Refrigere la tarta al menos 1 hora más antes de servirla.

5. Para servirla, desmóldela y adórnela con cacahuetes tostados picados.

Pan de molde

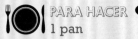 PARA HACER
1 pan

 PREPARACIÓN:
20 minutos,
más leudado

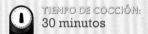 TIEMPO DE COCCIÓN:
30 minutos

información nutricional por pan	2123 kcal, 42 g grasas, 18 g grasas sat., 17 g azúcares, 7,7 g sal

Hacer pan en casa es un pasatiempo gratificante y provechoso. Si tiene poca práctica, empiece por este sencillo pan de molde.

INGREDIENTES

1 huevo

1 yema de huevo

150-200 ml/^{2}/$_3$-1 taza de agua templada

500 g/3^2/$_3$ tazas de harina, y un poco más para espolvorear

1^1/$_2$ cucharaditas de sal

2 cucharaditas de azúcar

1 cucharadita de levadura seca de panadería

25 g/2 cucharadas de mantequilla con sal en daditos

aceite de girasol, para untar

1. Ponga el huevo y la yema en un bol, y bátalo un poco. Añada agua templada hasta obtener 1¼ tazas de líquido, y remueva bien.

2. Ponga la harina, la sal, el azúcar y la levadura en un bol grande. Añada la mantequilla e incorpórela con la punta de los dedos hasta obtener una textura parecida a la del pan rallado. Haga un hoyo en el centro, agregue el huevo diluido y trabájelo todo hasta obtener una masa homogénea.

3. Vuelque la masa en la encimera espolvoreada con un poco de harina y amásela bien unos 10 minutos. Unte un bol con mantequilla. Forme una bola con la masa, póngala en el bol y tápela con un paño húmedo. Déjela leudar en un lugar cálido 1 hora, hasta que doble su volumen. Precaliente el horno a 220 °C (425 °F) y unte con aceite un molde rectangular de 23 cm (9 in) de lado. Vuelque la masa en la encimera espolvoreada con harina y trabájela 1 minuto más. Dele la forma del largo del molde y tres veces el ancho. Doble la masa en tres a lo largo e introdúzcala en el molde con el doblez hacia abajo. Tápela y déjela reposar en un lugar cálido 30 minutos, hasta que haya rebasado la altura del molde.

4. Cueza el pan en el horno precalentado 30 minutos, o hasta que esté hecho y dorado. Para comprobar que esté hecho, dele unos golpecitos en la base con los nudillos: debería sonar a hueco. Déjelo enfriar en una rejilla metálica.

Pan de masa madre

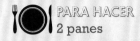 PARA HACER
2 panes

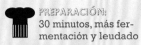 PREPARACIÓN:
30 minutos, más fermentación y leudado

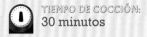 TIEMPO DE COCCIÓN:
30 minutos

información nutricional por pan	1302 kcal, 23 g grasas, 5 g grasas sat., 49 g azúcares, 10,3 g sal

Piense que, para hacer esta hogaza, hay que preparar la masa madre con unos días de antelación.

INGREDIENTES

450 g/3³/₄ tazas de harina integral

4 cucharaditas de sal

350 g/1¹/₂ tazas de agua templada

2 cucharadas de melaza (miel de caña)

1 cucharada de aceite vegetal, y un poco más para untar

harina, para espolvorear

masa madre

85 g/³/₄ de taza de harina integral

85 g/²/₃ de taza de harina

55 g/¹/₄ de taza de azúcar

250 g/1 taza de leche

1. Para preparar la masa madre, ponga las harinas, el azúcar y la leche en un bol que no sea metálico y bátalo bien con un tenedor. Tápelo con un paño húmedo y déjelo a temperatura ambiente 4 o 5 días, o hasta que espume y huela a ácido.

2. Tamice la harina y la mitad de la sal en un bol, y añada el agua, la melaza, el aceite vegetal y la masa madre. Remueva con una cuchara de madera hasta que la masa comience a ligarse. Luego, trabájela con las manos hasta que se desprenda del bol. Vuélquela en la encimera espolvoreada con un poco de harina y trabájela 10 minutos, o hasta que quede homogénea y elástica.

3. Pinte un bol con aceite. Forme una bola con la masa, póngala en el bol y métalo en una bolsa de plástico o tápelo con un paño húmedo. Deje leudar la masa en un lugar cálido 2 horas, o hasta que doble su volumen.

4. Espolvoree dos bandejas de horno con harina. Diluya la sal restante en ¼ de taza de agua. Vuelque la masa en la encimera espolvoreada con harina, golpéela con el puño para eliminar el aire y, después, trabájela 10 minutos. Divídala en dos mitades, deles forma de óvalo y póngalas en una bandeja cada una. Pinte el pan con la sal diluida y déjelo reposar en un lugar cálido, pintándolo a menudo, 30 minutos.

5. Precaliente el horno a 220 °C (425 °F). Pinte el pan con la sal diluida restante y hornéelo 30 minutos, o hasta que la corteza se dore y suene a hueco al darle unos golpecitos en la base con los nudillos. Si fuera necesario prolongar la cocción, baje la temperatura a 190 °C (375 °F). Deje enfriar el pan en unas rejillas metálicas.

Pan de cinco semillas

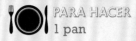 PARA HACER
1 pan

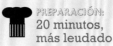 PREPARACIÓN:
20 minutos,
más leudado

 TIEMPO DE COCCIÓN:
25-30 minutos

información nutricional por pan	2544 kcal, 84 g grasas, 12 g grasas sat., 24 g azúcares, 4,8 g sal

Aderezado con nutritivas semillas y hecho con harina integral, este pan es muy rico en fibra.

INGREDIENTES

300 g/2¼ tazas de harina integral, y un poco más para espolvorear

225 g/1⅔ tazas de harina blanca para pan

1 cucharadita de sal

100 g/⅔ de taza de semillas variadas, como sésamo, semillas de calabaza (zapallo anco) y girasol, cáñamo y linaza

7 g/2¼ cucharaditas de levadura seca de panadería

1 cucharada de azúcar moreno

2 cucharadas de aceite de girasol, y un poco más para untar

1¼ tazas de agua templada

1. Unte con mantequilla la bandeja del horno. Ponga en un bol grande las harinas, la sal, las semillas y la levadura. Incorpore el azúcar. Mezcle el aceite con el agua. Haga un hoyo en el centro de la harina tamizada y vierta dentro los ingredientes líquidos. Mézclelo todo con la punta del cuchillo hasta obtener una pasta fina y pegajosa.

2. Vuelque la masa en la encimera espolvoreada con un poco de harina y trabájela de 5 a 7 minutos, hasta que quede homogénea y elástica. Dele forma de óvalo y póngala en la bandeja. Espolvoree el pan con harina integral y déjelo leudar en un lugar cálido de 1 a 1½ horas, o hasta que doble su volumen.

3. Mientras tanto, precaliente el horno a 220 °C (425 °F). Cueza el pan en el horno precalentado 5 minutos. Baje la temperatura a 200 °C (400 °F) y hornéelo de 20 a 25 minutos más, o hasta que se dore y suene a hueco al darle unos golpecitos en la base con los nudillos. Déjelo enfriar en una rejilla metálica.

VARIACIÓN
Para hacer panecillos,
divida la masa en 12
porciones, deles forma
de bola y cuézalas de
10 a 15 minutos en el
horno precalentado a
200 °C (400 °F).

Pan de avena

PARA HACER 1 pan

PREPARACIÓN: 20 minutos, más leudado

TIEMPO DE COCCIÓN: 25-30 minutos

información nutricional por pan · 1872 kcal, 36 g grasas, 18 g grasas sat., 24 g azúcares, 7,2 g sal

Un pan rústico con una textura exquisitamente tierna y un delicioso sabor a frutos secos.

INGREDIENTES

70 g/³⁄₄ de taza de avena, y un poco más para espolvorear

225 g/1²⁄₃ tazas de harina, y un poco más para espolvorear

175 g/1¹⁄₄ tazas de harina integral

1¹⁄₂ cucharaditas de sal

7 g/2¹⁄₄ cucharaditas de levadura seca de panadería

25 g/2 cucharadas de mantequilla con sal, en dados

1 cucharada de azúcar moreno

300 ml/1¹⁄₄ tazas de agua templada

aceite de girasol, para untar

1. Ponga en un bol grande la avena, las harinas, la sal y la levadura. Con la punta de los dedos, trabájelo con la mantequilla hasta obtener una textura como de pan rallado. Agregue el azúcar. Haga un hoyo en el centro y vierta el agua. Mézclelo todo con la punta del cuchillo hasta obtener una pasta fina y pegajosa. En la encimera espolvoreada con harina, trabájela de 5 a 7 minutos, o hasta que quede homogénea y elástica. Póngala en el bol, tápela con film transparente engrasado y déjela reposar en un lugar cálido 1 hora, o hasta que haya doblado su volumen. Unte con un poco de aceite de girasol la bandeja del horno.

2. Trabaje la masa 1 minuto más. Dele forma de óvalo de 25 cm (10 in) de largo y póngala en la bandeja. Márquela con 6 u 8 cortes con un cuchillo afilado. Tápela holgadamente con film transparente y déjela en un lugar cálido 30 minutos más, hasta que doble su volumen.

3. Precaliente el horno a 220 °C (425 °F). Pinte el pan con un poco de agua y esparza copos de avena por encima. Hornéelo de 25 a 30 minutos, o hasta que se dore y suene a hueco al darle unos golpecitos en la base con los nudillos. Déjelo enfriar en una rejilla metálica.

1

1

2

CONGELACIÓN
Congélelo envuelto en papel de aluminio y consúmalo en un mes. Descongélelo 3 o 4 horas a temperatura ambiente.

Pan de pasas y cítricos

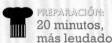 PREPARACIÓN:
20 minutos,
más leudado

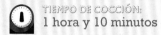 TIEMPO DE COCCIÓN:
1 hora y 10 minutos

información nutricional
por pan · 3810 kcal, 120 g grasas, 66 g grasas sat., 306 g azúcares, 2,4 g sal

*Este pan, dulce y especiado, queda delicioso un poco
tostado y untado con mantequilla y confitura de frutas.*

INGREDIENTES

450 g/3⅓ tazas de harina, y un poco
más para espolvorear

1 pizca de sal

2 cucharaditas de pimienta
de Jamaica

115 g/1 barra de mantequilla sin sal

7 g/2¼ cucharaditas de levadura
seca de panadería

115 g/½ taza de azúcar sin refinar

330 g/2½ tazas de una mezcla
de pasas

50 g/¼ de taza de fruta confitada
picada

la ralladura fina de 1 naranja

1 huevo, batido

150 ml/⅔ de taza de leche caliente

aceite vegetal, para untar

1. Tamice la harina, la sal y la pimienta en un bol. Con la punta de los dedos, trabájelo con la mantequilla cortada en daditos hasta obtener una textura parecida a la del pan rallado. Agregue la levadura, el azúcar, las pasas, la fruta confitada y la ralladura de naranja, y remueva. A continuación, añada el huevo y la leche caliente, y mezcle hasta ligar la masa.

2. Trabaje un poco la masa en la encimera espolvoreada con harina. Espolvoree un bol limpio con harina y ponga la masa dentro. Tape el bol y déjelo en un lugar cálido 2 horas.

3. Precaliente el horno a 180 °C (350 °F) y unte con aceite un molde rectangular de 23 cm (9 in). Trabaje la masa un poco más y póngala en el molde. Tápela y déjela leudar 20 minutos. Hornee el pan 1 hora y 10 minutos, o hasta que esté dorado y haya subido. Déjelo enfriar en el molde antes de cortarlo en rebanadas y servirlo.

1

2

3

VARIACIÓN

Añada jengibre en almíbar a la masa y glasee el pan caliente con el almíbar.

Pan de centeno con alcaravea

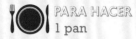 PARA HACER
1 pan

 PREPARACIÓN:
25 minutos,
más leudado

 TIEMPO DE COCCIÓN:
30-35 minutos

información nutricional
por pan | 2040 kcal, 36 g grasas, 12 g grasas sat., 36 g azúcares, 7,2 g sal

Esta densa hogaza lleva harina de centeno y semillas de alcaravea, y es mejor del día.

INGREDIENTES

250 g/2½ tazas de harina de centeno, y un poco más para espolvorear

250 g/2 tazas de harina para pan

1½ cucharaditas de sal

1 cucharada de semillas de alcaravea (comino, hinojo de prado)

7 g/2¼ cucharaditas de levadura seca de panadería

2 cucharadas de mantequilla con sal, derretida

2 cucharadas de miel caliente

300 ml/1¼ tazas de agua templada

aceite de girasol, para untar

1. Mezcle en un bol grande las harinas con la sal, las semillas de alcaravea y la levadura, y haga un hoyo en el centro. Bata la mantequilla con la miel y el agua, y viértalo en el centro del hoyo. Mézclelo todo con la punta del cuchillo hasta obtener una pasta fina y pegajosa. Unte con aceite la bandeja del horno.

2. Vuelque la masa en la encimera espolvoreada con un poco de harina y trabájela unos 10 minutos, o hasta que quede homogénea y elástica. Dele forma de óvalo y póngala en la bandeja. Con un cuchillo, marque unos rombos en el pan; espolvoréelo con un poco de harina y déjelo en un lugar cálido de 1 a 1½ horas, o hasta que doble su volumen.

3. Mientras tanto, precaliente el horno a 190 °C (375 °F). Cueza el pan de 30 a 35 minutos, o hasta que la corteza se dore bien y suene a hueco al darle unos golpecitos en la base con los nudillos. Déjelo enfriar en una rejilla metálica.

1

2

2

COMBINA CO

Corte el pan en reba-
nadas finas, úntelas
con mayonesa y ponga
unas lonchas de salmón
ahumado, rodajas de
aguacate y unas gotas
de zumo de limón.

Panecillos con semillas

 UNIDADES 8

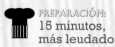 PREPARACIÓN:
15 minutos,
más leudado

 TIEMPO DE COCCIÓN:
10-15 minutos

información nutricional por unidad	221 kcal, 4 g grasas, 0,5 g grasas sat., 1 g azúcares, 0,7 g sal

Deliciosos recién salidos del horno, abiertos por la mitad y untados con mantequilla: estos panecillos están mucho más ricos que los comprados.

INGREDIENTES

450 g/3⅓ tazas de harina
para pan, y un poco más
para espolvorear

1 cucharadita de sal

7 g/2¼ cucharaditas de levadura
seca de panadería

1 cucharada de aceite vegetal,
y un poco más para pintar

350 ml/1½ tazas de agua
templada

1 huevo, batido

semillas de sésamo o de amapola,
para adornar

1. En un bol grande, mezcle la harina con la sal y la levadura. Añada el aceite y después el agua, y mézclelo bien hasta obtener una masa.

2. Vuélquela en la encimera espolvoreada con un poco de harina y trabájela de 5 a 7 minutos, o hasta que quede homogénea y elástica. Unte un bol con aceite. Forme una bola con la masa, póngala en el bol y tápela con un paño húmedo. Déjela leudar en un lugar cálido 1 hora, o hasta que doble su volumen.

3. Amásela de nuevo, pero solo un poco, hasta que quede homogénea. Divida la masa en 8 porciones. Moldee la mitad en forma de panecillos redondos. Si lo desea, moldee el resto de porciones con una bolita en la parte de arriba. Disponga los panecillos en la bandeja del horno.

4. Tápelos con un paño húmedo y déjelos leudar 30 minutos, o hasta que doble su volumen.

5. Precaliente el horno a 220 °C (425 °F). Pinte los panecillos con el huevo batido y esparza semillas por encima. Cuézalos en el horno precalentado de 10 a 15 minutos, o hasta que se doren. Para comprobar que estén hechos, deles unos golpecitos en la base con los nudillos: deberían sonar a hueco. Déjelos enfriar en una rejilla metálica.

2

3

5

Índice analítico